棄業醫生的秘密日記

秘密日記

This Is
Going
To
Hurt

亞當・凱 —— 著

Adam Kay

吳宗璘 —— 譯

我不是醫生（不過我偶爾會這麼自稱），但我會把這本書當成給大家的處方藥。讓人笑翻天，也讓人心碎欲絕，讓你看到我們深愛但卻飽受抨擊的健保前線醫生們的奮鬥內幕，精采！

——強納森·羅斯

這本書讓人狂笑不止，但是，在這些超精采笑話的幕後，其實是一種熱情洋溢、充滿個人色彩的省思，讓我們看到了這套公衛服務體系為我們所做的一切，以及我們可能對它造成的傷害。

——馬克·華生

身為憂鬱症患者，我很擔心看了亞當·凱的書會讓我加重病情。所幸，它好笑到不行——真的是讓我捧腹大笑到疝氣！

——喬·萊西特

長久以來，我一直在期盼看到一本探討健保系統的作品，能夠擺脫一般的虛矯花俏、深入蘊含豐富悲喜故事的洞窟——這本書果然讓我期盼成真。它詳述了英國初級醫生的諸多超級搞笑故事，但也有令人心碎的細節、確切的真相，以及我們期盼醫生們從容外表下的隱然人性。

——喬·布蘭德

要是我們失去了健保系統，那麼亞當·凱的初級醫生日誌將會成為某個依靠同理心支撐的獨特體系的一大歷史見證，而且這本書將不只成為我看過的最好笑作品之一，也是最悲傷的作品之一。

——大衛·惠特豪斯

充滿惡趣味、尖酸、精采至極！這是如何被某個出奇可愛又殘忍的怪獸咬得碎爛又吐出來的故事，它，就是我們的健保系統。

——米爾頓・瓊斯

好笑，噁心，又發人深省得令人心痛，每一頁都讓我愛不釋手！

——吉爾・曼賽爾

打從第一頁開始就超歡樂——非常爆笑，我超愛！

——基特・惠爾頓，《緊急收治》作者

在健保體系裡工作、使用其服務，甚至就算是對它有意見的每一個人，都應該把它當成必讀書。你會大笑、大哭，然後又笑得更開心，最後，會好好考慮是否要繁衍下一代。

——迪恩・博內特，《白痴腦袋》作者

這本書讓我狂笑不止，也讓我哭得亂七八糟。亞當將自己與病人的生活交織在一起，成就了這部作品，而且，他使用的是一種我從所未見的優秀敘事風格，展現出與絕望、疾病、死亡近身工作的各種苦樂，精采好書！

——克萊爾・傑拉德教授，大英帝國員佐勳章得主，
英國皇家全科醫師學會前主席

獻給詹姆斯
感謝他時有時無的支持

獻給我自己
如果沒有我
哪會有這本書

為了要尊重那些可能不希望被認出來的朋友與同事，我更動了許多個人特徵細節。為了要保護病患隱私，我也改變了可能會透露個資的臨床資訊，改了日期[1]，編造姓名[2]。不過，幹，我哪知道這是要幹嘛——他們明明再也無法揚言要讓我丟飯碗了啊。

---

1 我常在產房工作，大家通常會記得自己寶寶的出生日期。
2 我習慣使用《哈利波特》裡的次要人物姓名，以免陷入一場又一場的訴訟惡夢。

目錄

簡介

　　二○一○年，在歷經了六年的訓練，再加上後來六年的醫院實戰體驗，我辭去了初級醫生的工作，爸媽到現在還是不肯原諒我。

　　去年，醫學總會對我發出通知函，要在醫事人員名冊裡註銷我的名字。這不算是什麼震驚的大消息，畢竟我已經有五年不曾執業[3]，不過，我的這段人生篇章必須就此終結，對我來說是情感面的一大衝擊。

　　但對於我家裡的客房來說，這卻是個天大的好消息，因為我清出了一箱又一箱的過期文件，銷毀檔案的速度大勝吉米．卡爾[4]的會計。在最後生死關頭，我還是把自己的實習檔案搶救下來。大家都會建議醫生要記下自己的臨床經驗，這就是

---

3 根據二○○六年衛生部的某項調查，社會大眾認為每年都應該要做醫生評鑑（很合理）。而當時的狀況其實是這樣的：醫生取得職業資格之後就可以爽翻過日子，在他們退休之前，都不會有人考核他們是否還記得到底該把針筒的哪一端扎入病人的體內。在當局完成了殺人醫生哈羅德．希普曼的調查案之後，二○一二年開始引入一連串的重新認證措施，讓醫生每五年接受一次評鑑。要是路上的那一大堆車輛每隔五年才做一次車檢，一定會讓你緊張得半死吧。不過，話說回來，我覺得總算是聊勝於無。

4 英國喜劇演員，曾出現避稅爭議。

眾所周知的「反省實踐」。多年之後，第一次回首翻閱這份檔案，我的反省實踐的範圍就是好不容易撐到值班室，寫下當天枯燥至極的經歷，我簡直就像是醫療界的安妮·法蘭克（只不過我住的地方更淒慘）。

置身於各種歡樂與平凡的過往、人體孔洞裡數不盡的各種物件、瑣碎的官僚體系之間，喚起了我擔任初級醫生時的記憶，可怕的工時與強烈衝擊。回首細讀，看到當初眾人對這一行的期待，實在是很超過，完全不合情理。但我當時只是逆來順受，覺得這就是工作的一部分，甚至在某些時候，要是看到交派的任務是「游泳到冰島做產前檢查」或是「今天得要把直升機吞下肚」，我一定是連眉頭都不皺一下。

就在我靠著日誌重溫這一切的時刻，初級醫生也在當下遭到政客的無情批評。這不禁讓我覺得醫生一直無法把自己看到的那一面公諸於世（八成是因為他們一直在工作），而且社會大眾也一直不清楚醫師生涯的真相，這一點也讓我很吃驚。我不想就這麼聳聳肩、撕光所有的證據，我應該要挺身而出，導正平衡。

好，我的貢獻就是：拿出我深陷在英國健保體系、各種疣與疑難雜症那段時間所保留的日誌。包括了我在前線工作的情景；對我私人生活造成的影響；還有，在某個可怕的日子、我突然再也無法承受這一切的過程（抱歉我先爆雷了，但你們去看《鐵達尼號》的時候也早就知道結局了啊）。

在這整本書當中，我會幫助各位了解醫學專有名詞，也會對各種職務做一點背景介紹。我絕對不會把大家當成初級醫生一樣，直接把麻煩丟給你們、覺得你們一定知道接下來該怎麼搞定一切。

1
實習醫生

　　決定要進入醫生這一行，基本上就像是十月初收到詢問你聖誕節派對要吃什麼主餐的電郵一樣。想也知道會選雞肉，萬無一失，理應十分穩當。不過，萬一到了聖誕節前夕的那一天，有人在臉書分享了某段恐怖養雞場的影片，害你不小心親眼目睹群雞慘遭除喙的畫面呢？萬一莫里西[5]在十一月的時候死翹翹，為了要向他致敬，決定放棄幾乎是無肉不歡的生活習慣呢？萬一突然對雞排過敏，吃下去就可能沒命？最重要的是，有誰知道兩個月後的晚餐到底想吃什麼？

　　每一個醫生都是在十六歲的時候決定自己的職業，而他們卻必須等到兩年後才能到達拍下自己生殖器的照片、傳給別人欣賞的合法年齡。當你坐下來，挑選高等會考科別的那一刻，已經立刻進入了一條只有靠退休或是死亡才能終結的軌道，這可不像公司聖誕趴，採購部的珍妮不會拿自己的哈羅米起司烤

5　倡導素食的英國搖滾歌手。

肉串交換你的雞肉——選定之後，就永遠也甩不掉了。

十六歲的時候，想要在醫界工作的理由通常不脫以下這幾句話：「我媽／我爸是醫生」、「我好喜歡《急診室的故事》」、「我想要治療癌症」。第一個與第二個理由很可笑，而第三個理由乍聽之下很不錯——感覺還算真誠——但那是科學家的任務，跟醫生無關。而且，任何人在那個年紀講出那種話，就硬逼對方一定要實踐諾言，也未免太不公平了，這簡直就像是把你五歲時「我要當太空人」的畫作當成了正式的法律締約一樣。

我自己是不記得什麼時候下定決心要從事醫生這一行，這比較像是我生命中的預設值——宛若馬林巴琴的來電鈴聲、電腦背景的山景圖庫照。我自小在猶太家庭長大（不過我們家幾乎只有飲食習慣看得出來而已），而且念的學校就是那種如同香腸工廠、專門生產醫師律師與內閣閣員的學校，而我父親是醫生，我自然是得硬著頭皮繼續接棒。

由於醫學院申請入學的人數是其他學院的十倍之多，所以每一個申請人都必須接受面試，只有在嚴格拷問之下的傑出表現者才能夠勝出。當然，所有申請者高等會考的每一科成績想當然耳都是甲等，所以醫學院挑選學生的判準，其實是非學科領域。當然，這一點合情合理：醫生的心理素質必須要能夠勝任這份工作——要在可怕的壓力之下做出抉擇、能夠在痛苦的病人親屬面前宣布壞消息、可以每天處理生死問題。他們一定

具有某種無法透過記憶與考試所鑑定出的特質，因為一個優秀的醫生一定是心室肥大外加主動脈擴張，才能夠不斷抽吸出體內的憐憫與慈悲，匯聚成一片大湖。

　　至少，你們以為是這樣沒錯，其實，醫學院不鳥那種東西，他們也根本不會檢查你有沒有暈血症，反而注意的是課外活動。他們心目中的理想學生必須是兩種校隊運動項目隊長、全國游泳冠軍、青年交響樂團的團長、學校報紙的編輯。基本上這就是一場「最佳人緣獎」的選美比賽，只是沒有肩帶披身而已。

　　你只要在維基百科裡隨便找一下知名醫生的資料就知道了，比方說下面這個段落：「早在青少年橄欖球聯盟時期，他就證明了自己十分傑出。他是優異的長跑選手，畢業前的那一年是運動校隊的副隊長。」這段話描述的正是殺人醫生希普曼，所以這套篩選機制也許並不是那麼可靠。

　　我有八級鋼琴證書，又會薩克斯風，再加上在校刊上發表了好幾篇亂七八糟的戲劇評論，讓倫敦帝國學院甚是滿意，認為我十分符合從醫資格。所以，在一九九八年，我收拾行李，展開總長九點六公里的艱險旅程，從達維奇搬到了南金斯頓。

　　大家應該不難想像，鉅細靡遺學習人體解剖學與生理學，再加上功能可能失常的各種原因，的確是很沉重的負擔。不過，知道自己有朝一日終將成為醫生的喜悅——這可是會改變個人稱謂的大事，就像是超級英雄或是國際罪犯的待遇一樣——也成為我在這漫長六年中、不斷向前的驅力。

接下來，我成了初級醫生[6]的一員。我已經可以去參加機智問答節目《智多星》，挑選「人體」主題進行挑戰。每個人都會在自家電視機前面大叫，選擇這種範圍也未免太龐大太廣泛了吧，應該要挑選「動脈粥狀硬化」或「拇指滑液囊炎」之類的主題才是，不過大家都搞錯了，那些也難不倒我。

　　身懷這套完整知識體系、將理論付諸實現，步出校園走向病房的時刻終於到了。我全身緊繃到不行，所以當我發現自己在醫學院度過了四分之一的人生，但是卻完全無法應付住院醫生[7]的極端苦樂的時候，無疑是一大打擊。

　　當時雖然工作無聊又極為耗時，但還是應付得來。每天早上都要去「巡房」，一整組醫生在病人之間四處遊晃，你跟在後面，就像個被催眠的小鴨子，側著頭，姿態充滿關切，寫下學長宣布的所有事項──預約磁振造影、轉診到風濕科、安排心電圖檢查。接下來，得花一整天的時間（通常還得要無薪加班）完成這數十件、有時甚至是數百件的工作──填寫表格加打電話。基本上，就是外表稱頭的私人助理而已。這並非我努力受訓的目標，但隨便啦。

---

6 只要不是主治醫生，都可以被統稱為「初級醫生」。這樣的語彙可能會令人有些困惑，因為有許多「初級醫生」其實都相當資深──有些人已經工作了十五年，還取得了碩博士學位。這有點像是把首相以外的西敏寺成員都稱之為「初級政客」一樣。

7 醫生的層級是實習醫生、住院醫生、研究醫生、資深研究醫生、主治醫生。最近改稱為基礎訓練第一年醫生、基礎訓練第二年醫生、專科訓練第一年到第七年醫生。不過大家還是習慣沿用舊的那一套術語，就好比是家樂氏可可力曾經被短暫更名為酥脆片一樣。

不過，與晚班相比，原本的日班地獄反而成了樂園——那是一種會讓我後悔自己怎麼會有大材小用這種念頭的殘酷惡夢。

　　到了晚上，實習醫生會被配發一個被稱之為嗶嗶的小型呼叫器，必須負擔照顧每一名病患的重責大任。夜班的住院醫生與研究醫生在底下的急診室忙著檢傷與收治，而你一個人卻在上頭獨自駛船。一艘巨大的船，而且還著火，完全找不到任何人可以教導你如何開船。明明已經受過訓練，知道該如何檢查病患的心血管系統，清楚冠狀血管的生理構造，但就算能夠認出心臟病的所有徵兆與症候，第一次親身上陣的感覺依然是截然不同。

　　呼叫器一直嗶嗶嗶，一間又一間的病房，緊急狀況層出不窮，每個護士都在找你——完全不會停止，整夜都是如此。你的學長們正在急診室處理有特殊問題的病人，比方說肺癌或是斷腿。而你的病患也有相同狀況，不過，他們都是住院者，也就表示他們在一開始就不對勁。這就是像是某種「自行添加口味的漢堡」，本來就已經生病了，然後又繼續疊加了新的病況：比方說，當初因為肝衰竭而住院的病人得了肺炎，或是斷腿的病患因為癲癇再次發作而摔下床。你是一個充滿機動性、基本上是完全沒有受過訓練的一人急診部，全身被各種體液浸濕（完全不是好玩的那一種），必須為一個接著一個的嚴重病患檢查哪裡不對勁，而就在十二小時之前，其實是一整組醫生

團隊在負責照料他們。突然之間,你會十分想念那種長達十六小時的行政庶務(或者,更美好的是來個折衷方案,工作內容不要太超越自己的能力範圍,但也不要太低階)。

這是非浮即沉的關鍵時刻,而你必須要學會游泳,如若不然,將會有一大堆病人和你一起沉下去。其實,我反而覺得這令人相當振奮,這工作當然辛苦,工時已經逼近慘絕人寰的地步,我目前所看到的一切也害我視網膜結痂,但此時此刻的我已經是個醫生了。

二〇〇四年八月三日星期二

第一天。H[8]為我準備了午餐，我有了新的聽診器[9]、新襯衫，還有新的電郵地址：atom.kay@nhs.net。很好，今天無論發生什麼事，絕對不會有人指責我是全醫院最沒用的廢物，就算是我吧，我也可以狡賴笨蛋是阿東（Atom），不是亞當（Atam）。

我本來覺得這個梗很適合拿來暖場炒熱氣氛，不過，後來我遇見了我的朋友阿曼達，卻發現自己慘輸。阿曼達的姓氏是桑德斯—維斯特（Saunders-Vest），但他們卻把她姓氏中的連字號直接拼出來，所以她工作電郵的姓氏是桑德斯連字號維斯特（saundershyphenvest）。

二〇〇四年八月十八日星期三

七十歲的病人OM是出身於特倫特河畔斯托克的暖氣系統退休工程師。不過，各位觀眾，馬修今晚要扮演的是假德國腔

---

8 H是我的伴侶，當時跟我在一起才六個月，受苦時間還不長。別擔心——本書不會出現一大堆的角色，我又不是在寫《冰與火之歌》（譯註：作者現任伴侶正是這部影集的執行製作人）。

9 我會仔細解釋專業詞彙，但要是你連聽診器都不知道是什麼的話，還是趕快把這本書送人吧。

的古怪德國教授。其實，不只是今晚，今天早上、今天下午，只要是他入院的每一天都一樣，因為他得了失智症，而且泌尿道感染更讓他的病況雪上加霜[10]。

OM教授最喜歡的日常活動就是跟在後頭巡房，他會把病袍前後反穿，佯裝是醫生的白袍（可能會穿內褲，也可能不會，讓我們欣賞一下早餐德國臘腸），只要有醫生開口，他一定會插嘴，「對！」「丟似這樣沒錯！」偶爾還會冒出「天才！」。

要是有主治與研究醫生巡房，我會立刻送他回去自己的病床，交代護士這兩個小時要牢牢看緊他。如果我一個人巡房，我會讓他跟一會兒。其實我也不知道自己巡房在幹什麼，就算知道，也展現不出恢宏自信，所以要是有個退休德國老人啦啦隊經常在我背後亂喊：「丟似厲害！」確實是一大助力。

今天他站在我旁邊，在地上拉了一坨屎，很遺憾，我也只能立刻取消他的任務了。

二〇〇四年八月三十日星期一

我們在休息時要是遇到話題枯竭，經常會以病患故事彌補

---

10 老年人要是患有泌尿道感染或是任何輕微的敗血症，經常會造成他們神智不太正常。

尷尬空檔。今天大家聚在「食堂」[11]吃午餐的時候，紛紛開始分享病患看診時主述的不合理「徵狀」。在過去這幾個禮拜當中，我們有人遇到牙齒會發癢、聽力突然好轉、排尿時手臂會疼痛的各種病患。每一個人說完之後，都會出現一波禮貌的笑聲，宛若地方顯貴在畢業典禮時發表演講時所得到的反應。大家輪流各自說出醫院版的營火鬼故事，然後，輪到了席姆斯。他說他今天早上在急診室看了一個病人，對方覺得自己只有半邊臉會流汗。

他往後一靠，本來以為會引來哄堂大笑，但沒想到卻是一片靜默。後來，眾人紛紛七嘴八舌。「咦，這不就是霍納氏症候群？」他從來沒聽過這個名詞，更不可能知道這很可能表示病患有肺部腫瘤。席姆斯把椅子往後猛然一推、發出刺耳摩擦聲響，立刻衝去打電話，趕緊叫病人回診，而我就順手吃光了他的特趣巧克力。

二〇〇四年九月十日星期五

我發現病房裡每一個病人的監測記錄表的心跳都是每分鐘六十下，所以我偷偷盯著醫務助理，想知道他到底是怎麼測量

---

11 所謂的doctor's mess有兩種含義，第一是「醫生的食堂」，放了幾張沙發與破爛撞球桌的公共區域；第二是我大部分病人在一開始那幾個月的狀態，「醫生的狼狽亂局」。

的。他測量病人脈搏，但卻看著自己的手錶，仔細數算每一分鐘的秒數。

二〇〇四年十月十七日星期天

我必須誇獎一下自己，我在病房檢查病人，對方突然從嘴巴裡噴出大量鮮血、直接吐在我襯衫上的時候，我並沒有驚慌失措。但我也不能繼續自誇，因為我不知道該怎麼辦才好。我請距離我最近的那位護士去找我的研究醫師雨果，他就在隔壁病房，我趕緊趁這時候替病人置入靜脈導管[12]，注入一些輸液。雨果出現了，真是我的及時雨，因為我那時候腦袋一片空白。開始找尋病患的人體栓塞位置？拉出一長坨廚房紙巾塞入他的喉嚨？還是撒一把羅勒葉、告訴大家這是西班牙番茄冷湯？

雨果的診斷是食道靜脈曲張[13]，十分合理，因為這名病患的臉色宛若《辛普森家族》的荷馬——早期影集的那種風格，光影對比更為強烈，每個人看起來都像是洞穴壁畫人物——雨

---

12 所謂的靜脈導管或套管，就是一種插入手背或是肘彎處的塑膠管，能夠讓我們以打點滴的方式將藥物或輸液注入靜脈。置入靜脈導管是實習醫師的重要職責之一，但我念醫學院的時候從來沒試過。在我第一天當醫生的前夕，我的醫院宿舍的某個室友從某間病房偷了一盒約八十支的靜脈導管，我們自己練習了好幾個小時，終於搞定。接下來的那幾天，我們的手臂上布滿了跟吸毒者一樣的明顯針孔。

13 肝硬化的可怕併發症，食道內的靜脈鼓脹，隨時可能爆裂，造成大量失血。

果已經拿出食道球[14]想辦法為病人止血。病患四肢亂舞，竭力抵抗此一可怕異物鑽入他的喉嚨，他的鮮血四處噴濺：我、雨果、牆壁、窗簾、天花板全部遭殃。這場景宛若《換屋大改造》影集的前衛特集，最可怕的是聲音。這位可憐男子的每一次吐納，都會讓人聽到他把鮮血吸入肺部的窒塞聲響。

等到食道球進去之後，他不再吐血了。出血終究是會有停止的一刻，而現在的成因是最悲傷的那一種。雨果宣布病患死亡，做完病歷記錄，請護士通知家屬。我脫掉自己染滿血跡的衣服，我們默默換上工作服，繼續值班。好，這就是我第一次親眼目睹的死亡事件，可怖至極，既不浪漫也不美麗，尤其是那慘叫。雨果把我拉到外頭抽菸——歷經了這場事件之後，我們都迫不及待想要抽一根，而我以前從來沒有抽過菸。

二〇〇四年十一月九日星期二

凌晨三點，我被嗶嗶吵醒，這是我連續三個夜班以來第一次闔眼，才小睡了三十分鐘而已，某個病人要我開安眠藥，顯然此人的睡眠比我的重要多了。我沒想到自己居然這麼厲害——等到我進入病房的時候，發現那病人已經睡著了。

---

14 可塞入喉嚨的導管——就定位之後——能夠像氣球一樣開始膨脹，對靜脈施壓，幸運的話即可止血。

二〇〇四年十一月十二日星期五

　　某名住院病患的驗血結果顯示體內充滿凝塊。雨果終於爆氣，因為她為了對抗焦慮、一直在服用健康食品店買來的聖約翰草膠囊。雨果語重心長，在她（為了公平起見，也包括我）面前強調，這種東西會影響歐服寧的代謝，要是她停止服用這膠囊，應該就能改善凝塊。她嚇了一大跳，「我以為那只是草本配方而已——怎麼可能會那麼傷身？」

　　一聽到「只是草本配方」，屋內的溫度立刻降低了好幾度，雨果差點就要發出厭煩長嘆，看來這並不是他第一次打算擒服不聽話的病人。

　　「杏仁也含有氰化物，」他冷冷解釋，「死帽蕈的致死率也高達百分之五十。天然未必等於安全，我家花園裡有某種植物，要是坐在底下十分鐘之久，必死無疑。」任務成功：她把那些藥全扔進垃圾桶。

　　後來，當我們在做大腸鏡檢查的時候，我問他那到底是什麼植物？

　　「水蓮。」

二〇〇四年十二月六日星期一

　　醫院的所有初級醫生都被要求簽署一份反對「歐洲工時準

則」[15]的文件，因為我們的合約與其完全不符。這個禮拜我見到H的時間還不到兩個小時，工時長達九十七小時。完全不符這種說法還算是客氣了，其實我的合約早就被他們當成犯人一樣、從那份準則裡揪出來，任由它在半夜一路慘叫，最後再加上水刑伺候。

二〇〇五年一月二十日星期四

　　親愛的賣毒小混混：

　　　　過去這幾個晚上，我們收治了三名年輕人──全部都脫水脫到奄奄一息，基本上都是因為低血壓而昏倒，電解質高到破表[16]，這些病患的唯一共同點就是最近曾經吸食古柯鹼。這東西雖然會帶來心臟病與鼻中膈萎縮的風險，但並不會造成上述症狀。我可以抬頭挺胸告訴你這是怎麼回事──要是被我說中的話，我想要拿個諾貝爾獎，至少也該給我一個「英國之傲獎」──你拿了你外婆的來適泄[17]

---

15 「歐洲工時準則」的目的是為了要提供法律規範、以免雇主把員工操到過勞死，限制每週工時「僅能」有四十八小時。

16 電解質是血液中的鹽──主要成分是鈉、鉀、氯化物以及鈣。要是濃度過高或過低，身體的警示方式是讓心臟停止或讓你陷入昏迷，就是這麼猛。

17 來適泄，或稱來喜妥，是某種利尿劑──如果你的肺部或組織內積存大量水分，這種現象通常是因為心臟或腎臟功能異常──它可以幫助你排尿。要是你並沒有這種問題，比方說，就像是這裡提到的個案，那麼就會排出血液中的水分。

濫竽充數。

你浪費了我好幾個晚上，還佔用了我們單位的病房，而且，以這種方式對待客戶也太沒品了，誠懇建議你學學別人，直接賣冰塊[18]就好。

亞當‧凱醫生敬上

二〇〇五年二月七日星期一

今天晚上救了一個病人。呼叫器響起，我趕緊衝去檢查某位已經站在死神家門口的六十八歲住院病患——他已經按下了門鈴、透過門口的那一小塊毛玻璃、盯著死神家的玄關。他的血氧飽和度[19]只剩下百分之七十三——我覺得要不是因為自動販賣機壞掉、害我沒買到士力架巧克力，搞不好就遲了一步。

我沒有多餘的時間構思急救要點——瞬間進入自動駕駛模式，我根本不知道自己已經培養出了這種能力，直接開始執行接連不斷的各項步驟。戴上氧氣罩、靜脈注射、驗血、血液氣體分析、利尿劑、導管。他幾乎是立刻回神過來，宛若玩高空彈跳的人在距離地面僅有幾公釐的時候、立刻被抽回到半空中。死神，抱歉了——你的今日晚宴少了一個客人嘍。等到雨

---

18 安非他命

19 血氧飽和度是血液中的含氧百分比，靠著夾在手指末端的血氧機即可測得數值，能夠接近百分之百是最好，這數字當然是大於百分之九十，也絕對大於百分之八十。

果過來的時候，我覺得自己像是超人一樣厲害。

這是我入行五個月以來、第一次拯救了病患的生命，感覺真是不可思議。外頭的人以為我們在病房之間來回走動、不斷展現英雄行為，就連我剛開始當醫生的時候也抱持相同想法。其實，醫院病房裡每天有數十人，甚至是數百人得以獲救，但多半是團隊工作的方式低調處理。並不是由醫生單打獨鬥，而是由數目不等的醫護同仁共同執行審慎的診治計畫，每一個階段都會檢查病患是否好轉，要是計畫行不通，會立刻予以修正。

不過，有時候這樣的責任卻落在一個人的肩上，今天，正是我的第一次。雨果似乎很開心，或者，應該說至少是努力露出了笑臉。「好，你讓他又多了兩個禮拜的陽壽。」幫幫忙好嗎——別讓這裡的超級英雄不開心啦。

二〇〇五年二月七日星期一

我剛轉入外科[20]就中了大獎，第一次親眼目睹套狀撕脫傷[21]。

病患WM十八歲，到外頭與朋友一起慶生。酒吧打烊之

---

20 實習醫生通常會六個月待在內科，六個月待在外科。我抽到了其中一支下下籤，把我送進了泌尿科。

21 指的是皮膚嚴重斷離皮下組織——這種創傷在發生機車意外時很常見，騎士雙手一路沿著地面摩擦。老鼠能夠靠套狀撕脫尾巴的方式落皮逃生，我的記憶也很落漆，完全想不起為什麼我們會在念醫學院時學到這種知識。

後，他爬到某個公車等候站的屋頂跳舞，然後，決定要把一旁的路燈燈柱當成消防柱、一路滑到地面。

他飛跳抱住那根燈柱、以無尾熊的姿勢溜下來。不幸的是，他錯判路燈燈柱的材質——根本不是他想像中的一路順滑而下，而是狠狠摩擦粗如砂紙的表面、痛苦慘摔在地。之後，他被送到了急診室，雙手手掌嚴重擦傷，陰莖則是完全的套狀撕脫傷。

在我駐守泌尿科那段短短的時光當中，我看過許多病患的陰莖（其實後來也是），不過，這傢伙的慘烈程度無人能及，形狀像是綻放的玫瑰花飾，但想必是找不到地方別這種胸針吧。好幾公分的尿道露了出來，上面覆蓋了一層薄薄的血漿。直徑可能有零點五公分。這不禁讓我想到沾了一坨番茄汁、黏在碗底的義大利麵麵條。

WM的心情亂糟糟，這種反應大家應該都不意外才是。當他向主治醫師賓恩先生提問之後，表情更加愁苦，因為他想要知道自己的陰莖有沒有機會「裝回那層肉套」。醫生冷靜解釋，那一層「肉套」已經均勻塗抹在西倫敦某根高度二米四的燈柱上面了。

二〇〇五年二月二十一日星期一

有位病人做完腹腔鏡[22]檢查之後，我準備讓她出院，簽了休養兩週的病假證明。她拿出十英鎊，想要賄賂我改簽為一個月。我哈哈大笑，但她態度認真，而且還加碼到十五英鎊。我告訴她，要是兩個禮拜之後她不想工作的話，去找她的家醫吧。

如果我能夠招來的收賄等級就是如此，顯然以後我得穿得更稱頭一點才是。回家的路上，我一直在想她開多少價碼的時候我會點頭說好。好傷心，應該五十英鎊左右就可以收買我了。

二〇〇五年三月十四日星期一

我與H和幾個好友外出用餐——磚面外露式裝潢的披薩餐廳，過多的霓虹燈管，扣在夾板上面的菜單，累贅的複雜點餐系統，而且幾乎看不到服務生。他們會給你某種機器，當你的食物一準備好，就會發出嗶嗶聲響與震動，然後你必須辛苦跋

---

22 現在幾乎許多腹部手術都可以透過腹腔鏡的方式完成，這個詞彙源於希臘語，醫生會將裝有小型攝影機與儀器的長桿插入腹部小洞。過程非常耗時，而且需要花許多時間才能學會技巧。想要模擬那樣的體驗，那就拿雙筷子想辦法綁鞋帶，要閉眼，而且是飄浮在外太空。

涉、經過藝術風格混搭得亂七八糟的地磚，從一臉冷漠的服務生那裡取走自己的披薩，對方在那裡坐得很安穩，因為就算是根本沒有人出來服務——也絕對不會有客人要求從帳單裡扣掉百分之十二點五的服務費。

那個機器響了，「我的天！」我大喊之後，不假思索立刻跳起來。這倒不是因為我有多麼期待自己的佛倫提那披薩——只是因為那鬼東西的音頻與與音質跟我的醫院嗶嗶完全一樣。H幫我量了一下脈搏：一分鐘九十五下。工作帶給我嚴重的創傷後壓力症候群。

二〇〇五年三月二十日星期天

向病人宣布不幸消息，當然有比「恐怕是癌症」以及「我們已經盡力了」更可怕的等級，而當我找來某名病患的女兒、準備要解釋她的孱弱老父在昨晚發生的可怕遭遇時，我真的不知該如何啟齒是好。

我必須要告訴她，她父親隔壁病床的病患在昨晚變得激動又恍惚，錯把她父親當成了自己的老婆。很不幸的是，當護士們聽到吵鬧聲響、想要處理的時候已經來不及了，那名病患正跨坐在她父親的身上，噴精在他的臉上。那女兒回我：「至少……他沒有做出其他舉動吧。」這真是正面思考的世界級典範。

二〇〇五年四月十一日星期一

　　大家正準備把急診室某個闌尾穿孔的十歲男孩送入手術房，帥哥研究醫師柯林也在此時做出了如何面對焦心母親的大師級示範──詳細解釋她兒子的肚子到底出了什麼狀況、我們要怎麼進行醫療、需要多久時間、多久之後可以放他回家。我努力學習他的方法。重點是訊息量剛剛好──讓她了解狀況，但不能多到無法吸收──傳達一切，要拿捏分寸，不能講出太多術語，也不能擺出高高在上的姿態。最重要的是，要保持專業與和善。

　　現在，她的表情不再那麼焦慮，我覺得她的憂煩已經消失，宛若惡靈離身，或者，應該說是排出脹氣。該準備送小孩上樓了，所以柯林對那位媽媽點點頭。「送進手術房之前趕快親一下？」她靠過去，啄吻柯林的臉頰，她帶著自豪與快樂的表情，跟著輪床一起離開了，但柯林卻臉色緊繃得好難看。

二〇〇五年五月三十一日星期二

　　三天前的那個晚上，我收治了病患MJ，五十多歲的流浪漢，病因是急性胰臟炎。

　　自從我開始當實習醫生以來，這已經是他第三次因為急性胰臟炎而入院。我們先給了他止痛藥，然後又為他打點滴──

這傢伙痛得要命，狀甚淒慘。

我開口：「至少你這幾個晚上可以待在溫暖的床上。」

「你在開什麼玩笑？」他嗆我，「我在這裡會染上他媽的超級細菌。」當大家都知道醫院外頭的馬路比院內走廊還乾淨的時候，這狀況的確非同小可。

我不喜歡說教，但我是醫生，不會見死不救，這也算是我的工作職責之一，所以我提醒他，他之所以得待在這是因為酗酒[23]。雖然我沒辦法說服他戒酒（我沒這能耐），但我至少可以請他在出院前滴酒不沾，這一點絕對有助改善病情。這一次，他要是願意放過酒精凝膠瓶的話，對醫院更是一大利多。

他立刻往後退，彷彿我剛剛指控他與學生妹妹亂倫一樣，他斬釘截鐵告訴我，他絕對不會做出那種事了——他們最近改變了酒精凝膠的配方，味道變得超苦。他湊到我身邊，對我附耳悄聲說道，在這間醫院裡，最讚的其實是吸吮某些酒精濕紙巾，然後，他又以某種彼此心照不宣的姿態、輕拍我的手臂，彷彿在告訴我：「這是我的無私分享。」今晚，他就要出院「回家」了，但鐵定過沒幾個禮拜之後又會回來找我們報到。

我的住院醫師與我遵照傳統，為了慶祝夜班班表結束，跑到「VQ」二十四小時餐廳吃豐盛早餐，外加一瓶白酒。值夜

---

23 胰臟炎通常會引發劇痛，主要的成因是酗酒或膽結石。當然還有其他成因，幫助記憶的口訣很好玩，正好是 GET SMASHED（譯註：意即喝醉了，這九個字母是不同成因的第一個字母），而第二個「S」所代表的是蠍子（Scorpion）的毒液。

班的時候，我們根本是活在另外一個時區，所以雖然是早上九點鐘，這酒很難稱之為提神晨飲——它根本是睡前酒。正當我在為我們兩人倒酒的時候，有人在敲餐廳窗玻璃。是MJ，他狂笑不止，然後又對我露出「我早就知道！」的表情。我決定以後還是坐在遠離窗邊的位置，不然乾脆在更衣室裡吸一下酒精濕紙巾就好。

二○○五年六月五日星期天

雖說百分之九十九的骨科醫師都是茹毛飲血的粗野尼安德塔人，不過，光憑一點就為這群人貼上標籤實在不公平，但話說回來，每天晚上只要出現來自他們病房的嗶嗶聲，就會讓我的心陡然一沉。

光是這個週末，我就檢查了他們那一科的兩個病人。昨天：某名做完股骨頸骨折[24]手術的男性出現心房顫動[25]。我發現他入院時的心電圖就出現了心房顫動——這幾乎就是他當初會整個人大字攤倒在德本漢姆百貨地板上的原因，然而收治他的團隊居然無人發現。我覺得自己好像在給整個骨科部門上課，「有時候，人會摔倒是有原因的。」

---

24 股骨頸骨折原文是#NOF（Neck of Femur），#符號指的是骨折，要是你以為我是為了社群網路在下標籤，那你還是別看這本書吧。
25 心臟跳動過快，不穩又無力——很糟糕的狀況。

今天，我被找去檢查某名二十一歲的病患，驗血結果顯示腎功能異常。他的兩隻手臂都打上了滿滿的石膏，宛若卡通《狗狗史酷比》裡的大壞蛋。他們沒有給他打點滴，而床邊桌上放了一杯滿滿的水，根本沒喝過——想也知道他超想喝——但身體活動範圍的限制卻讓他這幾天根本碰不到水杯。我立刻為他灌點滴，不過，更有效率的方法，其實是給我的某些同事灌輸常識。

二〇〇五年六月七日星期二

我被叫到手術室緊急支援，從某位病患的直腸裡取出「異物」。我當醫生還不到一年，這已經是我第四次從人體直腸裡把東西拿出來——嗯，光是工作就至少四次。

我第一次遇到的是個年輕義大利帥哥，他入院的時候，馬桶刷幾乎都已經塞在裡面了（毛頭先進去），出院回家的時候，身上多了一個腸造口袋。他的義大利胖媽媽充滿了感激，在英國人身上絕對看不到的那種謝忱，拚命向她看到的每一名醫護道謝稱讚，因為我們救了她兒子一命。她還伸手摟住陪同她兒子入院、長得也同樣俊帥的年輕人。「也要謝謝他的好友菲力普，當時他正好在客房睡覺，多虧他幫忙叫救護車！」

這類病患大多都患有「艾菲爾鐵塔症候群」——「我跌倒了！醫生！我跌倒了！」——編出那些東西怎麼會剛好直挺挺

正中紅心的故事（嗯，有人坐在醃黃瓜上頭出事，只是時間遲早的問題而已）。不過，今天是我第一次相信病患的說法。這是一起可信度很高、痛得要命的意外，牽涉到的物品是沙發與遙控器，至少，讓我不禁皺眉思索：「的確是有可能發生這種巧合啊。」不過，當我們在手術房裡取出那個遙控器的時候，卻發現上面有保險套，所以這應該不是單純的意外事件。

二○○五年六月十六日星期四

我告訴某名病患，必須要等到下個禮拜才能預約做磁振造影，他立刻出言威脅要打斷我的腿。我心中浮現的第一個念頭是：「哦，那我就可以休好幾個禮拜的病假。」害我差點就想要去幫他找球棒了。

二○○五年六月二十五日星期六

護士請我去正式宣布某位年邁病患的死訊[26]——他早就病入膏肓，不適合做心肺復甦術，而這樣的結果也早在意料之中。護士把我帶到小房間，指了指那位面色死灰的前病患，又

---

26 法律規定醫生必須要為病患填寫死亡證明，詳述死因。遇院內死亡案例也必須正式宣布（證實）死訊。

把我介紹給他的妻子，由於我還沒有正式宣布他死亡，所以其實也不能稱她為寡婦。也許大自然處理了最艱難的那一部分，但還是需要我在現場簽署那份表格。

我向病患的妻子表達哀悼之意，說明我必須要執行某些程序，建議她在外面等待。不過，她說她比較希望留下來，我不知道這是基於什麼原因，我猜她也不知道。也許與他相伴的每一刻都很珍貴，即便他已經不在了也一樣，或者，她想要確定我是否和她在《每日郵報》看到的那些醫生一樣，會對死者做出不可言說之事。反正，她也沒多問我，已經逕自坐在我的前面了。

我以前也正式宣布過死訊，但這卻是第一次有觀眾與我共處一室。我覺得我先前應該要吃點小食補充元氣才是。她一定不知道接下來的這場表演有多麼緊張、冷寂、冗長——比較像是荒謬劇大師品特的作品，而不是《沙漠妖姬》普莉西亞的風格。

我從病患的醫院手環證實了他的身分，目視檢查他的呼吸系統已經無法運作，確定他對於人聲與肢體動作都毫無反應，檢查頸動脈，拿手電筒照射瞳孔，放大擴張無反應。我看著手錶、拿聽診器檢查心跳整整兩分鐘之久，然後又聆聽肺臟聲響，又是三分鐘。使用誇張這樣的措辭是不太恰當，但站在白亮燈管下、動也不動，這樣的五分鐘感覺格外漫長，聽診器壓在某個早已氣絕的男子胸膛，一旁還有悲傷妻子盯著你看，這

就是我們在宣告死亡的時候、需要讓家屬離開房間的原因。

我明白我們為什麼需要花這些時間確定一切──這就像是在企圖干擾死神的最後一著[27]。這位準寡婦一直問我還好嗎──我不知道她是覺得我心情太低迷而無法繼續執行任務？抑或是在宣布死亡的過程中忘了下一個步驟？──不過，每當她開口的時候，我就會嚇一大跳，彷彿⋯⋯醫生專心聆聽屍體胸腔的時候、真的聽到了什麼聲音。

我終於驚魂甫定，向她宣布了悲傷死訊，並且填好了文件。這當然是十分煎熬的五分鐘，不過，要是哪天我的醫師生涯壽終正寢，那麼，我只需要一罐得利牌噴漆，加上一個老舊木箱，就可以在柯芬園表演「活雕像」。

二〇〇五年七月五日星期二

有位七十歲老太太因為飲酒過量問題來就醫，我開始問診做病歷記錄，看得出來，酒是她的毒藥。

我：「妳說妳一天喝多少酒？」

病患：「心情好的時候，一天來三瓶。」

---

27 當教宗死亡的時候，絕對不能出任何差錯。根據梵蒂岡的規定──想必當初擬出這條規定的人一定覺得《大法師》的情節太過平淡無奇──醫生必須要大聲呼喊教宗的名字三次，拿出蠟燭，確定死者吐納已盡、無法吹熄火光，然後，為了確保萬無一失，還要拿錘子敲他的頭。至少她不需要看到我做出這種舉動。

我：「嗯……那心情不好的時候呢？」

病患：「心情不好的時候，一天只能喝一瓶。」

二〇〇五年七月七日星期四

倫敦到處都有恐怖分子肆虐，當局宣布這是重大事故，所有醫生都必須到急診室報到。

我的責任是巡視外科病房，只要看到生命或四肢無緊急危險的病患，就立刻讓他們出院，準備收治因爆炸案入院的新病患。我像是掛著聽診器的掃雪機——把那些沒有昏倒或咳血、幾乎等於是「裝病」等級的病人全部趕走，清理了數百名佔住床位的混蛋。

二〇〇五年七月十三日星期三

醫院沒有收治任何傷者，既然沒有病人，這禮拜我根本是無事可做。

二〇〇五年七月二十三日星期六

這個週末是我最要好死黨隆恩的告別單身派對，就在開場前的四個小時，我卻必須告訴大家我得要臨時退出。令人氣惱

的原因高達上百萬種，首先，這是一場嚴格篩選的聚會，最後只能有八人參加，而且我們還訂做了Ｔ恤，現在與會人數是奇數，也沒辦法分隊玩漆彈，還有，我已經他媽的花了四百英鎊。

一開始的時候，我本來得上班，但還是想辦法安排了四人換班（甲替我當班，乙替甲當班，丙替乙當班，而我替丙當班）——所以有點風險，就像是透過好幾手買屋一樣。現在丙（我先前幾乎沒見過的同事）因為她的某個小孩（不知真假）出了照護的問題（不知真假），所以我現在沒辦法去太空球遊樂場、不能喝龍舌蘭喝到酩酊大醉，而必須待在病房裡。

為了這類活動，就算是事前發一堆通知也沒用，非醫界的人[28]很難明白我們的苦，因為要是超過兩個月前通知，我們根本還沒生出班表。我訂了一瓶自己其實負擔不起的威士忌——艾爾頓·強的歌聲已經在我耳邊響起，「撐住，不要在這裡失控」——然後安排遞送，等到隆恩一回到他的公寓就可收到好酒，此外，還加上我低聲下氣的道歉。我們安排兩個禮拜後見面，來一場只有我們兩人的告別單身派對會後會——等我值完夜班，以及為了彌補週六失約而荷包失血的三個代班。

---

28 應該要為非醫界的人創造一個專有名詞才是，相當於醫療圈之外的「平民」或「百姓」。「病患」怎麼樣？

二〇〇五年七月二十九日星期五

　　這晚的夜班，就像是待在海水不斷冒入船身的小船裡，而手邊能夠救急的東西也只有《森林家族》可可兔的隱形眼鏡而已。

　　每一次的嗶嗶聲響起，緊急救援的時間至少都得要花十五分鐘，而我的呼叫器約每隔五分鐘就會響一次，所以兩邊的數字兜不太起來。我的住院醫師與研究醫師待在忙碌的急診室，根本是分身乏術，所以我必須把狀況聽起來最嚴重的病患排在最前面，至於其他呼叫我的那些護士，我也只能先口頭應付了。

　　「真的很抱歉，但我手邊有一堆狀況更危急的病人，」我說道，「其實，恐怕還需要六個小時。」有些人能夠體諒，而有些人的反應卻像是我剛剛的回應是「少來煩我，我正在看一整套的《艾莉的異想世界》」。這一整夜，我忙著處理出現胸痛、敗血症、心房顫動、急性哮喘的各種病人，這有點像是醫療界的十項全能運動大賽，我也不知到底是怎麼辦到的，總而言之大家都度過了這一關。

　　到了早上八點鐘，某位夜班資深護士用呼叫器告訴我，我這一晚的表現真的很棒，是個優秀的小醫生。我覺得「優秀小醫生」聽起來像是童書作家伊妮・布萊頓筆下的人物，但沒關係，我裝作沒事，因為我非常篤定這是我成為醫生以來、第

一次聽到最接近讚美的話語。我不知道該說什麼是好，只能訕訕道謝。我也不知道自己是哪裡不對，最後不小心回了這句話：「愛妳哦，掰。」也許是因為疲憊，也許是我的腦袋運作失靈，因為會對我講出溫柔話語的人通常只有H而已；或者，因為在那個當下，她的那句話讓我真的好愛她。

2
住院醫師的第一站

二〇〇五年八月，我成了住院醫師。其實我還真的很嫩，
畢竟當醫生也才十二個月而已，但是職稱裡已經出現「資深」
這樣的字眼。這應該是要讓病人對於眼前這個二十五歲、拿著
手術刀對準他們肚子的年輕人，能夠增添一點信心。同時，這
也是當我第一眼看到新的值班表時、阻止我從醫院屋頂跳下去
的些許動力。但如果把這稱之為升職，就有點太超過了——當
實習醫生一年之後，自然而然就是住院醫師，很像是麥當勞名
牌徽章上拿到了一顆星星。不過，我懷疑麥當勞給薪比英國健
保系統大方多了[29]。

就理論而言，我認為實習醫師表現不及格有其可能，而且
也應該要求他們重修，但我從來沒聽說過有這種事。我仔細解

---

29 我擔任住院醫生時的時薪是六點六英鎊，比麥當勞的收銀員高一點點，但卻落後值班
　 經理一大截。

釋一下，光看我的兩個醫生朋友就知道了，其中一個在當實習醫生的時候，在值班室跟某個病人上床；而另一個則是心不在焉，本來要開普拿疼給某個對盤尼西林過敏的病患，但最後開的藥卻是盤尼西林。他們兩人都順利過關，所以到底要出什麼包才算是不合格，我真是不知道。

擔任住院醫生的時候，必須要決定將來的科別。如果選擇家醫科，就要待在醫院兩三年，輪流蹲在急診室、內科、小兒科，最後被派到社區，享受待在診間辦公室、一直被病人挑眉相向的結果。如果你選擇內科，那麼有許多條不同的路線可以讓你繼續茫然摸索、跟蹌前行。如果你偏好外科，結直腸外科、心臟胸腔外科、腦神經外科、骨科都可以（骨科通常都保留給醫學院的橄欖球校隊成員——這一科差不多就是縫合與打釘——而且我懷疑他們根本沒在「簽名」，而是把手伸入墨水瓶裡面、直接蓋手印）。

如果你不想弄髒雙手，那麼內科有諸多選項，比方說老人醫學科[30]、心臟內科、呼吸治療科，或是皮膚科（這很可能是噁心但卻相對輕鬆寫意的生活——被皮膚科緊急病患求診吵醒的

---

30 老人醫學科就是現在眾所周知的「老人照護」。看來他們是希望科別名稱能夠減低一點醫療的感覺——不要那麼像是人類壽終正寢的地方，更像是某種有人提供美甲美足服務，同時還能讓你暢飲冰沙機弄出的亮綠色飲品的豪華水療。某些醫院已經把它重新命名為「年長病患照護」或是「銀髮族照護」專科——我覺得更適切的說法應該是「大勢已去者的照護」專科。

次數，靠著一隻脫皮掉屑的手就可以算得出來）。此外，還有好些專科不算是內科或外科，比方說麻醉科、放射科，或是婦產科。

我選擇婦產科——也就是我們在醫學院時歡樂戲稱的「寶寶與洞洞」科。我的學士論文的主題就是這個領域，所以算是在起跑線稍微領先了一點，只要有人問我罹患抗磷脂症候群的母親的寶寶在剛生下來的時候有哪些問題，我一定都答得出來，但也不知道為什麼，從來沒有人問過我。我喜歡婦產科還有一個原因，接了一個病人，最後會送走兩個出院，這種出奇優秀的打擊率是其他專科難以匹敵的強項（老年醫學科，我就是在說你們）。我也記得在我實習的時候，有名研究醫師曾經告訴我，他之所以選擇婦產科就是因為很輕鬆，「產科病房基本上就是四件事：剖腹、產鉗、真空吸引器，最後把你剛才搞爛的殘肉縫好[31]。」

婦產科還有另一點也深得我心，它是內科與外科的綜合

---

31 英國約有兩成五的嬰兒是剖腹產。某些是計畫（自願）剖腹，原因可能是雙胞胎、臀位產，或先前已經動過剖腹手術。其他的則是非計畫（緊急）剖腹，因為難產、胎兒窘迫，以及其他的危險狀況。要是寶寶在陰道產的最後一段過程中卡住，或是出現窘迫症狀，那麼你就得實行「器械輔助生產」——可能得使用產鉗——它長得像是金屬沙拉夾——或者，真空吸引器，某種連接吸塵器的真空杯狀物。我形容得太誇張嗎？抱歉，實情就是如此。

體——我當實習醫師的時候，證明我不該擇一而行。而選擇婦產科將讓我得以兼顧不孕症門診與產科病房——接生寶寶、幫助想望卻不可得的夫婦做人成功，還有什麼比這個更能發揮我的所學？更能帶來莫大的滿足感？當然，待在這領域要是出狀況的話，心情會大受打擊——不是每一隻送子鳥都能安全著陸——然而，不幸的是，開心狂喜的代價就是深沉悲哀。

這也是我迅速排除其他專科的原因，太沮喪、太困難、太無聊、太令人難受了。

只有婦產科能讓我精神一振，是我可以真心期盼的未來。

結果，我還是花了好幾個月才真正下定決心付諸行動，最後提出申請。我覺得自己如此猶豫不決，是因為自從我在十八歲時決定念醫學院之後，再也沒有做過什麼重大的人生抉擇——而且當時的主因是因為學生會餐廳的圈圈薯條讓我念念不忘。到了二十五歲，我必須面對自己人生的《多重結局冒險案例》故事書、第一次主動做出決定。我不只得學習如何抉擇，同時也必須確保自己選定了正確方向。

假如決定了要拿起產鉗，那就翻到下一頁吧。

二〇〇五年八月八日星期一

　　這是我在產科病房的第一個禮拜。助產士呼叫我，因為病人DH剛生下健康寶寶沒多久之後就感覺不舒服。大家都不喜歡愛現小聰明的傢伙，但這種時候不需要名探可倫坡、潔西卡・佛萊契，更不需勞煩貝克街二百二十一號B的福爾摩斯與華生雙雙出動，也立刻可以看出此名病患之所以「感覺不舒服」，是因為她的陰道無預警狂瀉數公升的鮮血。我按下緊急鈕，希望會有哪個道行比較高深的人趕快現身，我只能弱弱安慰病患一切都不會有事的，但她的狂噴鮮血依然在對我的大腿褲身進行改色工程。

　　資深研究醫生衝進來，立刻做陰道內診[32]，移除了肇事[33]的某塊胎盤。等到那東西乖乖出來之後，他又為病患輸了好幾袋的血，現在她的確平安無恙。

　　我進入更衣室，換上新的工作服長褲。光是這個禮拜，內褲被別人的鮮血染成一片紅，已經是第三次了。我別無選擇，只能丟掉之後繼續衝鋒陷陣。一條凱文・克萊的內褲就是十五

---

32 陰道內診的簡稱是PV，肛門指診的簡稱是PR，所以要是有人自稱在PR（公關界）工作，一定要問清楚是哪一種PR。

33 要是分娩後子宮內還有任何殘留物——胎盤、胎膜、樂高黑武士玩偶——就會造成子宮無法正常回縮，大量失血，必須取出阻撓物。

英鎊，我覺得做這工作真是虧本。

　　這一次鮮血浸透的程度更甚以往，我發現連大老二都浴血成災。我不知道萬一出事的話，到底哪一個比較慘：發現自己得了愛滋病？抑或是沒有任何一個朋友會相信我是因為這樣而得了愛滋病。

二〇〇五年八月二十七日星期六

　　有個實習醫師來找我，請我陪他過去檢查某位剛動完手術的病患，她已經九個小時沒有排尿了[34]。我告訴他，我已經十一個小時沒尿尿了，都是因為有他這樣的人一直在浪費我的時間。他的臉皺成一團，像是被肥小孩緊捏在手中的洋芋片袋，我立刻就覺得自己好壞心，居然這樣對待他──幾個月前的我不也是跟他一樣嘛。我悄悄過去查看病人狀況，她的確沒有排尿，但其實是因為她的導尿管一直被壓在病床輪子的下方，她的膀胱脹得跟抗力球一樣大，我頓時覺得自己剛才講出那種話也不算壞心。

---

34 醫生們對排尿充滿了執念──但不是那種會讓你考慮要不要與他們繼續約會的那種癖好──他們可以藉此判斷病患是否血容量過低。如果是在手術後出現這種狀況，更是格外危險，因為這表示病患可能有某處在出血或腎臟衰竭，兩者都不太妙。

二〇〇五年九月十九日星期一

第一次的真空吸引器助產。突然之間，我覺得自己的確是名符其實的產科醫生——嗯，要是沒有真的親手吸出一個寶寶，它也只是個抽象的職稱。我的研究醫師莉莉一直在場邊對我柔聲指導，但我獨力完成了一切，感覺真是他媽的爽極了。

莉莉說道：「恭喜，表現很好。」

「謝謝！」我回禮之後，才發現她剛剛是在跟那位媽媽講話。

二〇〇五年九月二十一日星期三

婦科門診結束之後，我正忙著寫一堆給家醫的診斷書，就在這個時候，某名研究醫師厄尼——傲慢但搞笑的那一種——大步走進來，準備要向我借檢查燈。他站在我背後，盯了我一會兒。「你要是這樣寫的話，一定會惹禍上身。還是把它改成『類膿物』（pus-like）或是隨便在哪裡加個連字號都好。」

我低頭看著那句會觸怒別人的話：「她有洞洞膿（pussy discharge）[35]。」（譯註：作者的本意是膿狀分泌物，但pussy是

---

[35] 我接下來待的那間醫院，婦科病房就在他們讓病人準備出院的等候區，而牆壁上的招牌是這麼寫的：
婦科病房（GYNAECOLOGY WARD）
出院休息室（DISCHAHRGE LOUNGE）（譯註：DISCHAHRGE除了有出院的意思，也是流膿。）

膿狀的形容詞，亦是粗話的女陰。）

二〇〇五年十一月十六日星期三

我在巡房，正準備要檢查某位婦科的年長病患，先瞄了一下病歷註記。

好消息是，物理治療師終於來看她了。

壞消息是，那位治療師的註記內容是這樣寫的：「病患睡得太沉，無法進行診斷。」

我過去查看，病人已經死了。

二〇〇五年十一月二十二日星期二

截至目前為止，我已經協助研究醫師與主治醫師完成了十五次的剖腹。其實當中有三、四次他們願意讓我操刀，由他們在一旁按部就班指導，但我都臨陣脫逃了——現在，我是唯一還沒有初登板經驗的菜鳥住院醫師，所以厄尼才這麼積極逼我上陣。

厄尼今天完全不給我任何選擇的機會——他向病患介紹我是今天要為她接生的醫師。所以我就上場了，處女之姿，完全猝不及防，而且還有現場觀眾。這是我第一次劃開人體皮膚、第一次打開子宮、第一次以腹中取出的方式為人接生。我很想

說這是一次美妙的經驗，但我每一個步驟都極其專注，其實根本無心體會。

這一次的剖腹從頭到尾長達五十五分鐘之久[36]，而厄尼對我充滿了耐心。之後，當我清理傷口的時候，他點出我下刀的位置沒對準，大約差了十度左右。他對病人說道：「等到拆線後，妳會發現我們切剖的角度斜了一點，我們不得不如此。」也不知道為什麼，她似乎就這麼接受了，完全沒有提出任何質疑──有了母性的奇蹟，藥就算是再怎麼苦也甘之如飴。

厄尼教我要怎麼撰寫手術報告，在我們喝咖啡休息的時候，又詢問我各項細節，繼續無所不用其極大談他的處女隱喻，簡直像是個性變態。看來我日後就可以熟能生巧，不會搞得那麼血肉模糊，自己也不再那麼緊張，久而久之，就會像是進行一套無聊的慣常程序而已。麻醉師插嘴：「不過，以後我可就不會讓你拖那麼久了。」

二〇〇五年十二月二十二日星期四

臨床狀況。凌晨兩點的時候，我被護士的呼叫嗶響吵醒，她請我去檢查某位意識不清的婦科住院病患。我告訴護士，大

---

36 要是一切順利，一次不複雜的剖腹手術應該只需要二十到二十五分鐘。

部分的人在半夜兩點的時候都處於意識不清狀態，但她還是非常堅持我得要緊急出動一趟。該名病患的格拉斯哥昏迷指數[37]是十四分，滿分是十五分，所以指稱她「意識不清」實在是很誇張。不過，她定向力出了問題，顯然是低血糖問題。某名護士慢慢晃到隔壁病房為我找尋血糖機。我對於自己的判斷很有信心，所以決定不要繼續等了，請他們拿出為了因應這種狀況、儲存在病房冰箱裡的柳橙汁。病患喝了，但依然昏沉沉，在這種深夜時分玩扮家家酒是晚了一點，但趁我們還在等機器的時候，我還是立刻吩咐做其他檢測，想要知道是否還有其他成因。雖然我們隨時都需要血糖機，而且只要花十英鎊就能在藥妝店買到，但只要遇到急需就一定沒有。我想過為自己買一台，但這感覺會造成某種滑坡效應，最後會搞到在車子後頭放台X光機。

醫務助理本來要丟掉那罐果汁瓶，但卻在此時指著它的標

---

37 格拉斯哥昏迷指數是測試意識清醒程度的量表。一共分為睜眼反應（一到四分）、口語反應（一到五分）、運動反應（一到六分），要是完全正常就是十五分，而要是死亡的話，就是最低的三分（兩分也是有可能，死掉而且沒瞳孔反應）。也不知道為什麼，病患們彷彿覺得醫生還不夠勞累似的──尤其是在急診室的時候──喜歡誇張演出自己的昏迷程度。遇到這種狀況的時候，我們的課本有教戰手冊，可以利用疼痛刺激評估他們是否在偽裝，比方說重壓手指甲或是以指關節摩擦他們的胸骨。我最愛的方法始終如一，就是將他們的其中一隻手臂高舉，然後重落在他們的臉上。如果病人在裝，那麼就不會任由自己的手臂砸臉，反而會讓它神奇落到身側的位置。但這種方法還是有缺點，要是他們真的昏迷不醒，那等一下就得向家屬好好解釋了。

籤，原來這是無糖柳橙汁——在這種狀況下，它的功能就像是發給病患一張滿額折價券而已，無關痛癢。我不知道該笑還是該哭，但我實在累壞了，想哭想笑都不可能。後來他們從護理站拿了兩顆金莎巧克力，病人吃下去之後立刻好轉。負責的護士為了「下單錯誤」而道歉，還說以後一定會準備正確的庫存。我拿兩英鎊打賭，下次要是我遇到低血糖病人的時候，他們會衝過去打開冰箱門、回來的時候手裡捧的是南瓜（譯註：濃縮果汁與南瓜都是squash）。

二〇〇五年十二月二十五日星期天

有好消息／壞消息。

好消息：現在是聖誕節的早晨[38]。

壞消息：我必須在產科病房工作。

更可怕的消息：我手機響了，是我的研究醫師找我。我沒有設鬧鐘，現在他們問我人在哪裡。

可怕指數更加一級的消息。我在車裡睡著了。愣了好一會

---

38 在健保體系內工作，前一年聖誕節是否有值班，與今年是否得上班完全沒有關係，首先，你幾乎不可能會待在同一間醫院，其次，根本沒人會鳥你。最有機會遠離聖誕節班表的優先順序，自有一套啄食階級：首先是排班的醫生，然後是那些有小孩的人，然後又過了好幾階之後才會輪到我。我沒有小孩，害我每年聖誕節都得要上班。雖然我不是很想要當爸爸（尤其在產科病房工作之後，更讓我覺得要敬而遠之），但我後來不禁開始認真考慮，等到換工作的時候一定要假裝有小孩。

兒之後才想起來我在哪裡，為什麼會睡在這地方。

好消息：看來我昨晚值完班之後就昏沉睡去，我現在已經在工作地點，醫院的停車場。

我立刻跳下車，迅速洗了戰鬥澡，已經可以上班了，只不過遲到十分鐘而已。我有八通 H 打來的未接來電，還有一封他的簡訊，「聖誕快樂。」結尾是句號，完全沒有親親符號。

今年我們過聖誕的日子是我的下一個排休日：一月六日。我能夠安慰伴侶的唯一理由就是：「你想想看嘛，到時候聖誕拉炮一定是瘋狂出清價！」

二〇〇六年一月十八日星期三

自己在醫院是屬於哪一個層級，有時候會得到確切認證，而今天的量尺就是一場臍帶脫垂[39]急救。

我爬上病床、挨在病人後面，擺出獸醫接生的姿態，然後我們立刻被送入手術房。另一台剖腹手術才剛剛結束，所以我

---

39 臍帶脫垂意指某一兩圈的臍帶在分娩時從陰道脫出，如果時間點不對，那就必須進行緊急剖腹手術。當然，臍帶要是在這種時候有點迫不及待要竄出頭，也還算是在可接受的範圍之內，就像是在十一月四日爆裂的煙火（譯註：十一月五日為英國的焰火節）。不過，要是遇到抽搐就不妙了，那就表示無法供血給寶寶。所以，必須要立即塞回陰道、同時持續施壓，而母親需要以膝蓋手肘趴地，醫生站在後頭，直到她躺平準備接受剖腹手術為止。醫生會穿戴長至肩膀的手套，而且它還有個噁心的綽號：「金屬護手」。

們暫時在麻醉室等候。為了讓病人保持冷靜，同時消解一點尷尬氣氛，我們閒聊寶寶的姓名啦、尿布啦，還有產假的話題。

就在幾分鐘之前，她的另一半正好下樓去買咖啡，當時的狀況還沒有這麼……親暱，所以他錯失了這場戲劇化的場景。他一回來，助產士立刻叫他加快動作、換上手術衣準備陪產。她把他帶入麻醉室，我整個人跪著，而我有一半的前臂塞在他小孩的媽媽的陰戶裡面。他操持濃重格拉斯哥口音：「我的天哪！」助產士訓了他一頓，因為她剛才早就提醒他，醫生必須一直托住臍帶。「妳是有說，」他的雙眼睜得跟銅鈴一樣大，「但妳沒有說他把她下面當成了布偶戲玩偶啊！」

二〇〇六年一月二十四日星期二

上帝頭腦很清醒，知道要離我們這一行越遠越好，只是醫院裡還是不時會聽到有人在呼喊上帝，「我的老天鵝啊！」偶爾也會聽到「天哪！」今天，我遇到了病患 MM，某位耶和華見證人教派的信徒，同意安排她進行經腹部摘除的子宮肌瘤摘除手術[40]。這是一種過程血肉模糊的手術，我們必須要有經過交叉試驗檢查的四袋備血、放在手術房的冰箱裡。

當然，現在的麻煩就在於耶和華見證人教派的信徒拒絕輸

---

40 這種手術是為了去除肌瘤——它是一種在子宮肌肉的良性漩渦狀增生物，得靠類似某種開瓶器的工具才能移除。

血，因為他們的信仰認為（媽的蠢斃了）血液含有靈魂，當然不能讓別人的靈魂進入自己的體內。然而，我們是個自由的國家——所以我們尊重每一個人（媽的蠢斃了）的價值與意願。

MM聰慧迷人，博學多聞，我們聊得很開心。她同意手術時可以接受自體輸血[41]，我也把拒絕輸血（就算是能救她一命也不例外）的同意表格交給了她，這種狀況的機率不高，但的確有這樣的案例，許多耶和華見證人教派的信徒因為拒絕輸血——就算是有自體輸血也不肯——最後導致死亡。她簽了，並老實承認原因之一是如果她接受輸血的話，家人就再也不會跟她講話（但如果你問我的話，我覺得這點反而是一大誘因）。

我的主治醫師費里特維克先生，以他那充滿懷古情調、過於熱情激昂的方式，對我描述了「那段美好舊時光」，他們才不鳥那份表格，要是有需要的話，不管三七二十一，反正悶頭輸血就是了——病患因為被麻醉了，絕對不會發現真相。所幸今天的手術十分順利，那台自體輸血過濾器一直擱在角落。當天傍晚，我去病房檢查她的術後狀況，翻閱病歷的時候發現兩天後是她的生日，她應該是得在醫院慶生了。我對她表示同情，但其實我自己也一樣慘，接下來的每一個生日應該都會在

---

41 自體輸血就是不要清理手術過程中的失血，將其予以真空吸集之後，讓它流入某個機器，可以過濾所有雜質（手術過程中所使用到的水、外科醫生的汗滴、天花板掉落的油漆碎片）。要是有輸血需要，病人自己的血就可以回到體內——許多耶和華見證人教派的信徒很欣喜，因為根據他們的教義，只要血液保持在某個封閉循環系統裡就不成問題，不算是真正離開身體。他們這麼開心，不意外。

醫院度過，一直到我虛弱得吹不熄蠟燭為止。不過，她卻告訴我耶和華見證人教派的信徒是不過生日的，連收禮也不可以，這一點比捐血的禁忌更扯。

二〇〇六年一月二十六日星期四

　　道德迷宮。在巡房的時候，厄尼與某位三十多歲、談吐十分優雅的女子在交談——她根本就是女王的年輕時髦版。她前幾天因為卵巢扭轉[42]而緊急住院，現在準備要回家。厄尼幫她排了六週後的回診，還告訴她在這三個禮拜之中不要開車。「哦，天哪！」她對厄尼說道，「那討厭的鬼東西停在醫院停車場，不如你先拿去開好了，等到我回診時再把車給我？」厄尼本來要拒絕，這真是莫名其妙，不過，當她從手提包裡取出賓利鑰匙的時候，狀況就可沒那麼簡單了。現在，厄尼的座車成了某台賓利的歐陸GT。

---

42 卵巢自行翻旋走位，阻斷了供血——要是不盡快動手術，卵巢就會轉黑壞死；要是根本不動手術，將會引發敗血症，病人會轉黑壞死。

二〇〇六年一月二十七日星期五

　　這三個月以來，我經常會去「新生兒特別照護病房[43]」探望嬰兒L——這已經成為我在回家之前的一部分例行公事。雖然隔了一層保溫箱的玻璃，但能夠看到熟悉的面孔感覺真好[44]。他媽媽是在我擔任住院醫師的第二個週末住院，她是懷孕二十六周的初產婦，頭痛欲裂，我們很快就發現這是嚴重的早發性子癲前症[45]。她狀況穩定之後，我們在星期天接生了嬰兒L，主治醫師進行剖腹的時候，我在一旁協助。這位媽媽後來住了加護病房好幾天——所以證明我們當初的確沒辦法繼續等下去——

---

43 「新生兒特別照護病房」的縮字語是 SCBU（發音為斯卡布），NICU 是新生兒加護病房，PICU 是兒科加護病房，至於 PIKACHU 則是某一種寶可夢。

44 當實習醫師的時候，有一點非常令人扼腕，就是永遠不知道故事的結局——每一個病人的全套影集裡就是少了最後一張DVD。罹患肺炎的病人入院治療，你想辦法讓他康復回家，然後就不見了——他可能又活了十五年，或是馬上在回家的公車上死掉，也可能終尾是介於這兩個極端之間，但你知道答案的機會趨近於零。撇開這種極端好奇心不說，要是能夠知道我們的醫療計畫是否有效，總是多少有些幫助。產科的進程快多了，我喜歡——可以馬上看到成果，藉此反省當初的決策，能夠可以好好學習，厚植行醫實力。所以要是有寶寶進入「新生兒特別照護病房」，跑去探視他們的進展當然有其重要性。

45 子癲前症是種可能會影響孕婦身體大部分器官的懷孕疾病，造成肝臟與腎臟受損、腦水腫、肺積水，以及血小板問題，也會影響寶寶的成長與健康。最後會演變為子癲症——可能會送命的癲癇發作。大部分子癲前症都很輕微，但所有懷孕患者在每次產檢的時候都必須測量血壓與尿蛋白，才能在早期抓出問題。子癲前症的唯一治療方法就是將胎盤娩出（當然寶寶優先）。對於大部分的子癲前症來說，其實最後只需要在孕期全程監控，服藥降低血壓，提前一兩個禮拜分娩即可。不過，某些病人的症狀卻很嚴重，而且出現在懷孕初期，所以必須要做出讓寶寶早產的痛苦決定，以免對母嬰健康造成嚴重危害。

寶寶出來的時候就是那麼一小坨而已，只比果醬重了一點點。

與新生兒科醫師相比，產科醫生簡直就被打成了骨科醫生那種等級——他們極其注重學理、一絲不苟——挑戰上帝與自然，讓這些寶寶得以存活下去。在一九七〇年的時候，早產寶寶的存活率依然不到百分之十，但現在已經超過了百分之九十。經過了十二週的新生兒科魔法之後，他從一隻插滿了十幾支管線、皮膚透明的小齧齒，蛻變成為會尖叫、嘔吐、安眠的小寶寶，而且他將要在今天下午出院。

他要回家了，我應該要感到開心才是——當然，這就是我們存在的意義——但我會想念每隔幾天就來探望這位小朋友的時光。

我在醫院附設的「朋友聯盟」禮品店挑了一張驚悚程度最低的卡片，交由小兒科護士代轉給那位媽媽。我寫道自己十分開心，因為他們的故事有了開心結局，還留下我的手機號碼，要是她方便的話，偶爾可以傳寶寶的照片給我。對，這也許違反醫學總會的規章與醫院條款，牴觸了各種小字條文、綱領以及規範，但為了這個小朋友[46]，我準備豁出去了。

---

46 後來我真的收到她傳來的照片。

二〇〇六年二月二日星期四

我在婦科辦公室裡寫診斷書給各個病患的家醫。

醫生您好：

　　我已經為XA看診，陪她前來的有她的丈夫山姆、艾瑟‧蘇格，還有他們的兩個小孩……

　　我努力回想那一次的門診場景。那三個人當中，究竟哪兩個才是小孩的父母？我覺得應該要弄清楚艾瑟是誰——這是全名嗎？她是不是名人？艾倫爵士（譯註：艾倫‧蘇格是英國著名商人與政治人物）的太太？結果那天診間裡根本沒有艾瑟這號人物。

　　兩個月前，醫院主計室把所有的秘書幾乎都裁撤光了，以某套全新的電腦系統取而代之。首當其衝的重大改變就是以往本來是把口述錄音帶交給秘書，現在卻是直接對著診間的電腦講話，然後，有兩個選擇，其一是上傳自己的錄音檔，寄給國外的某個類似秘書血汗工廠的秘書中心，不然就是立刻刪除不留任何痕跡。而第二項重大改變就是從聽打品質看來，這套系統的後端應該就只有兩個鐵罐與一條長繩組合而成的傳聲器、再加上一隻曾經受過打字訓練的狐猴。但這就不需要我們多操心了：重點是主計室解雇了這麼多位熱愛醫院、長時間為其付

出的辛勤員工之後所省下的這些錢。這套系統有個好處，就是可以在審視文件的時候，聆聽當初的錄音。

「醫生您好：

　　我已經為XA看診，陪她前來的有她的丈夫山姆（Sam），糖果的那個S（S for sugar），還有他們的兩個小孩……」

　　看來我已經高居整個部門聽寫大亂鬥排行榜的前幾名了，「病患已經明白了所有的類比（has known analogies）。」（其實是病患並無已知過敏問題，no known allergies）——已經被我擠出榜外。

二〇〇六年三月二十二日星期三

　　凌晨三點，我在產科病房做檢傷。病患RO二十五歲，第一次懷孕，目前孕期三十週。她抱怨舌面長了許多無痛小點。診斷結果：味蕾。

二〇〇六年四月三日星期一

　　凌晨兩點，產科病房沒什麼狀況，所以我溜進值班室，處理一些個人瑣事，看了一下臉書。有個朋友剛生小孩，貼出了

醜陋寶寶照片，我大力稱讚超可愛，我演得很逼真，因為我工作的時候經常得對陌生人講出這種話。對我來說，嬰兒誕生的真正奇蹟是在工作與投票時展現智慧與理性的那些人，盯著那些被骨盆擠壓而頭形怪異、身上覆蓋了五種可怕黏液、看起來像是在深盤披薩上方足足滾了兩小時之久的半凝狀肉坨的時候，真心覺得他們長得好漂亮。這就是在我面前上演的達爾文主義，對於子女的不理性之愛。這些人類的會陰雖然出現了無可挽回的損傷，但這種本能欲望會驅使她們在十八個月後再回到產科病房，演出第二回合。

嬰兒誕生的另一項奇蹟，就是我可以把金屬產鉗扣住某個嬰兒的頭——使其後仰——再施加二十公斤的拉力，通常這動作會害我流汗——然後寶寶出來了，你們可能以為是身首分離，才不是，根本安然無恙。等到小嬰兒誕生之後，每一個新手媽媽都會拚命以手托住寶寶的頭，讓它保持挺直。如果照片能發聲的話，那麼，沒生過小孩的親戚，抱著小嬰孩的每一張照片，一定都能聽到母親在一旁的尖叫：「小心寶寶的脖子！」但我很確定，就算是拎著小寶寶的頭也不成問題[47]。

我正在瀏覽歷任前男友的個人檔案，真想知道少了我之後，他們是不是過著慘不忍睹的生活？而且還變得痴肥？就在這時候，跳出了賽門的貼文，他是我某個同學的弟弟。他二十

---

47 這可不是醫學建議哦。

二歲，雖然我只有和他講過兩次話，而且是十年前，但這是臉書，大家都是你的朋友。嚇死人的簡單兩句話：「大家再見了，我毀了。」

在週一凌晨兩點半這種時候，會看到這個訊息的人應該只有我吧。所以我發了封私人訊息給他，詢問他的狀況。我說我還沒睡，還提醒了他一下，我是醫生，又把手機的號碼給了他。我趕緊滑手機找電話簿，不知是否有他哥哥電話號碼，就在這時賽門打電話給我。他淒慘無比：喝醉了，大哭，剛與女友分手。

其實就我所受過的訓練的程度，想要為他做心理輔導，簡直就像是得教他更換汽車變速箱或是鋪設拼木地板一樣。不過，他覺得我夠格，這一點對我們兩個來說已經很不錯了。我們暢聊了兩個小時（很神奇，呼叫器一直沒響）之後，他要搭計程車去他媽媽家，然後向自己的家醫掛急診。我也感受到自己體內有一股詭異的腦內啡在噴發——就像是處理急診病患之後的那種感覺——疲倦加上歡欣，還有成就了某樁「好事」的隱約悸動（好比是為慈善活動而跑了十公里的那種感覺），我覺得今晚自己對於賽門所造成的影響遠大於其他病患。

我聽到呼叫器響起，前往產科病房檢視某名三十週的孕婦，她覺得自己必須要在凌晨五點鐘的時候找醫生來看她的濕疹，她是這麼說的：「現在應該是比早晨清靜多了吧。」

二〇〇六年四月十日星期一

急診室的住院醫師轉來某名病人——她的陰道冒了一些疣狀物。我請他再多仔細描述一下。「學長，其實就像是白色花椰菜的小花。但加上流膿之後，更像是綠色花椰菜。」

我在晚餐的時候把這故事講給H聽，但他笑不出來。

二〇〇六年四月二十一日星期五

隆恩下禮拜要動膝蓋小手術，想要聽我親口保證他不會在麻醉過程中死翹翹，我只能給他那種我還不夠格拍胸脯、但很樂意安慰他的保證。

他也問我麻醉是否有時會「無法正常發揮功能」？所以我把今年初在醫院聽到的故事告訴了他：

「好，麻醉有兩種主要藥劑。首先是肌肉鬆弛劑——這樣一來，醫生要怎麼處理你的身體都不成問題。身體處於百分百麻痺狀態，你當然沒辦法在毫無外力協助的狀況下呼吸，所以全程都需要戴著呼吸器。第二種藥物是稱之為普洛福的混濁液體，會讓你暫時失去意識，所以在手術過程中會一直處於睡眠狀態[48]。」

---

48 或者換作是麥可·傑克森的話，就此長眠不醒。

「現在，想像一下這個場景吧，你的麻醉醫師不小心從他的醫療推車上頭拿起了同樣是混濁液體的抗生素，結果注入你體內的不是普洛福，而是某種抗生素。你躺在麻醉台上面，已經因為肌肉鬆弛劑而全身麻痺，但因為少了普洛福而十分清醒——能夠聽到大家講的每一句話，也感覺到外科醫師正在消毒你的身體，但你卻沒有辦法警告任何人大事不妙。當他的手術刀劃破你皮膚的那一刻，你只能無聲尖叫——那是一種前所未有、殘忍煎熬至極的苦痛……」隆恩的表情就像是畫家孟克筆下的人物。「但我覺得你不會有事啦！」

二○○六年六月六日星期二

　　我被急診室緊急呼叫過去看診。某位病人在幾天前進行藥物流產，現在全身劇痛。我不太確定是怎麼回事，但想必是哪裡出了問題——我立刻安排她住院，請學長過來檢查，負責的是厄尼，他立刻開了止痛藥。

　　「她只是抽筋疼痛而已，她在進行藥物流產之前的掃描顯示是正常子宮內懷孕。一切正常，讓她出院吧。」

　　我想要為我的收治診斷辯解——這當然算是痛得慘兮兮吧！她得要打嗎啡！

　　「要不是因為你給她嗎啡，她早就痛得……」

　　真的沒有人會因為藥物流產而痛成這樣。

「你又怎麼知道她的疼痛閾值？」他回嗆我，也算是言之成理。「搞不好她在家踢到腳趾頭也一樣哇哇大叫。」

　　我還是大膽講出狀況不對勁，他對我嗤之以鼻。

　　「如果你在自己臥房外頭聽到蹄聲，有可能是斑馬，但要是你探頭向外張望，幾乎一定是馬。」他又告訴我為了預防感染，可以為病患開點抗生素——不過，她還是得出院。

　　要是病房能在此刻緊急呼叫，通知病患狀況惡化，這樣的時點可說是剛剛好，不過，嗶嗶聲卻是在好幾個小時後才出現，但反正結果是一樣的：我在手術房協助厄尼進行緊急手術、清除子宮外孕[49]組織，從骨盆裡弄出他媽的一堆鮮血。她在服用流產藥物之前的掃描出現了致命疏失。

　　病患現在沒事了，已經回到病房。厄尼並沒有向我道歉，要叫他說出對不起，一定得等到他整個人大轉性了。我現在正在逛亞馬遜網站，想要找個斑馬造型的鑰匙圈送給他。

---

49 胚胎著床位置異常——通常是輸卵管。要是沒有治療的話，就會引發破裂，而這正是孕期三個月婦女最常見的死因。除非已經經過掃描確認沒問題，不然每一位出現疼痛的懷孕婦女都必須以子宮外孕處理。就這個案例而言，超音波技術師將子宮外孕誤判為正常子宮內懷孕。

二〇〇六年六月十二日星期一

我看了某位多囊性卵巢症[50]病患，建議她可以靠減肥改善病情，除了安排轉診給營養師之外，也詢問她健身的情形。雖然我覺得事實明明擺在眼前，但病患未必看得見——這就像是看到某棟起了熊熊大火的屋子，你還得要敲門通知屋主一樣，但這樣的提醒偶爾還是會讓狀況為之改觀。我已經做好心理準備，準備聽到對方說出千篇一律的藉口，就是抽不出時間嘛。我開口建議：「也許加入健身房會有幫助？」

「我早就是某間健身房的會員了，」她回我，「花了約三千英鎊，都還沒有進去過。」

二〇〇六年六月十九日星期一

我被緊急叫入病房、檢查某名即將臨盆的病患。ES因為過期妊娠[51]，已經開始接受催產，一臉憂心的助產士把我帶到

---

50 多囊性卵巢症是女性最常見的內分泌問題，出現的比率介於百分之五到百分之二十，完全要看定義決定，從我開始寫作、到有人看到這本書的這段期間，數據想必已經變化了三、四次之多。多囊性卵巢症可能會引發受孕、皮膚與體毛的問題，以及月經失調。

51 這狀況就像是喝得爛醉的酒伴堅持要拉你續攤，但自己卻早就吐到連頭髮都沾了穢物。有時候，懷孕也會搞出歹戲拖棚的劇碼。過了四十二個禮拜之後，胎盤會逐漸退化，所以我們必須先一步催產，首先必須要給病患類似普洛舒定之類的陰道塞劑。

了產房的某個馬桶前面，病患剛剛上完大號，塞在底部的那坨東西就像是「嵐舒」新推出的可怕紅棕色沐浴球。不論是對想要享受下午茶時間的清潔工或是病患本身來說，看來都大事不妙。

我先檢查她是否陰道出血，沒有；看到胎兒監視器[52]的寶寶徵候平安無恙，鬆了一口氣，而直腸檢查結果也一切正常。病患主述自己從來沒有這種狀況，而且沒有其他不適徵狀。我送出血液樣本，進行交叉試驗檢查，為她進行輸液，然後把她緊急轉送腸胃科。我同時也利用谷歌搜尋普洛舒定是否會引發腸胃大量失血，前所未聞，所以這將是全世界的第一起案例——我開始胡思亂想，不知道大家是否會以我的名字為這種症狀命名？我希望凱氏症候群是一種更偉大的醫學發現，而不是催產時拉肚子拉得天翻地覆。不過，如果能在教科書名留青史，也許這一點小小的犧牲也算是值得的吧。

我還沒寫完病歷，腸胃科主治醫師就趕到了現場，我們迅速交換意見，又一次指診，然後，她被送去做大腸鏡檢查。所幸一切看來正常，最近並沒有出血跡象。主治醫師繼續追問了一會兒，做出診斷：我的呼叫器響了，他讓我知道了答案。

我親眼目睹的那場廁所馬桶惡夢，其實是因為病患ES前

---

52 簡稱為「記錄」器，是在產婦分娩時穿戴在肚皮上的一條寬帶，藉以測量與持續記錄宮縮與胎心率，我們通常會將其檢測結果略分為「記錄狀況良好」與「記錄狀況異常」兩大類。

晚不知道為什麼嗑了兩罐甜菜根。主治醫師「客氣」叮嚀我，要是我下次得把排泄出問題的病患轉診過去，在這之前應該自己要先嚐一下糞便味道才是。

二〇〇六年六月二十日星期二

我們的電腦系統升級了，醫院本來想要讓我們的工作更輕鬆，但反而變得更棘手，大概每十次裡面會出包十一次。當然，看起來是炫多了（不再像我們在校時使用的DOS系統），不過，他們並沒有修好軟體的那些愚蠢大漏洞，只是隨便放了個新介面而已，等於是以直接撲粉治療皮膚癌的損傷部位。實際操作時其實更加慘烈，這種浮誇的使用介面佔用了本來就損耗得十分嚴重的系統資源，現在操作電腦幾乎是無法使用的龜速，這就像是以直接撲粉治療皮膚癌的損傷部位，而且病患還對那種化妝品嚴重過敏。

現在所有的驗血項目都被放入某個下拉式選單裡，如果要點選其中一項，那就得依照字母順序，逐一滑過在人類悠悠歷史之中、每一名醫生曾經點選過的所有檢查項目。想要拉到「維生素B12」需時三分鐘十七秒，要是你不想要辛苦下拉，而是直接打出維生素的V，那麼系統就會嚴重死當，得要關掉電腦主機開關，幾乎就得要出動電焊槍才能讓它再次啟動。我們點選同樣檢測項目的機率佔了百分之九十九，然而他們卻不

會把這些常用項目放在選單首位（就連易捷航空也知道要把英國放在阿爾巴尼亞與亞塞拜然的前面），反而把我從來沒有聽過，也絕對不會點選檢測的無數項目隨便丟入選單。誰會知道血清硒得有三種不同的化驗？所以，現在面對貧血病人的時候，我幾乎沒辦法點選「維生素B12」這個檢測項目，因為要是你症狀輕微，我可不想浪費時間，手指頭緊按箭頭、往下滑動三分鐘之久；要是你嚴重貧血，那麼我也不會點選，因為在我拉到那個項目之前，你恐怕早就斷氣了。

二〇〇六年七月二十一日星期五

凌晨五點鐘，婦科病房緊急呼叫我，請我為某名早上準備要出院的病患撰寫出院病歷摘要。這本來應該是她的住院醫師得在白天完成的工作，斷無理由讓我處理。不過，要是我現在不動手的話，就會耽擱這名病患的出院時間。我坐下來，開始收拾爛攤子──其實這種事不需要耗費心神，所以給了我一點餘裕，可以構思該怎麼對那個問題住院醫師展開合適的復仇計畫。我走出病房的的時候，發現病患CR的單人病房正亮著燈，所以我探頭進去詢問狀況。

上個禮拜，我在急診室收治她住院，因為她出現嚴重腹水[53]問題，而且可能有卵巢腫塊。自此之後我就開始值夜班，

---

53 腹水就是腹內的體液，出現這種狀況幾乎都是大事不妙。

一直不知道後來的狀況。她把一切都告訴我了，本來懷疑有卵巢腫塊，後來確定是卵巢癌，現在又已經證實廣泛擴散移轉，只剩下幾個月的生命。當我在急診室幫她看診的時候，雖然我一直很懷疑就是癌症，但我始終沒有說出那個字眼——根據我所受的訓練，就算醫生只是不經意說出口，病人永遠只會記得那個字。你做了什麼其他的事，全都不重要了，只要講出關鍵字那麼一次，他們就覺得你走入診間之後、什麼都沒說，一直嚷著「癌症癌症癌症癌症」長達半小時之久。而且，當然你也不希望病人罹癌，我真的，真的不希望看到她是這種結果。她友善、風趣又健談——儘管腹內的數公升體液讓她呼吸困難——但我們就像是失聯許久的朋友，在某個公車站意外相逢，互訴在這些年當中、對方所不知道的事。她的兒子取得了醫學院入學資格，而女兒正好與我妹妹念的是同一所學校。她認出我的襪子是「杜象」牌。我插入細針放液，準備讓她轉入一般病房，由日班團隊照護。

　　就在這個時候，她把他們的診斷結果告訴了我。她淚水潰堤，講出了那些她再也不可能做到的事，還有，她崩潰體悟到「永恆」只不過是情人節卡片的封面字詞而已。她兒子會畢業行醫——她看不到了，她女兒會結婚——她沒有辦法幫她排客人桌位或是撒紙花，她永遠不會見到自己的外孫，她丈夫將會悲慟逾恆。「他連調溫器該怎麼設定都不知道。」她哈哈大笑，所以我也笑了。我真的不知道該說什麼才好，我很想撒

謊，告訴她不會有事，但我們都知道這是不可能的。我抱了她，我以前從來沒有擁抱過病人。其實，在我的一生當中，我抱過的人也只有五個——而且我其中一位雙親還不在這五人名單裡——但我不知道還能怎麼辦。

　　我們聊了一些無聊的現實問題，有合理的擔憂，也有杞人憂天，從她的目光可以看得出來，這種對話對她有幫助。我突然驚覺我是她第一個敞開心胸、盡情暢聊的人，能夠願意坦然吐露一切的唯一對象。這是我並未央求的某種詭異特權與榮寵。

　　我還發覺了另一點，她無盡的擔憂都與自己無關，全都是她的小孩、先生、妹妹，還有朋友，也許，這就是好人的定義吧。

　　幾個月前，我們的產科有名病患在孕期被診斷出乳癌遠端轉移，我們建議她在三十二週的時候進行分娩，可以趕快進行癌症治療，不過，她還是等到了三十七週，就是為了能給嬰兒絕佳的生存機會。後來，她陪伴寶寶兩個禮拜之後就走了——要是能提早一個月開始治療，會不會逆轉結局？沒有人知道，很可能是不會。

　　現在，我坐在某名病患身邊，她問我是否該把自己的骨灰撒在西西里島？那是她最喜歡的地方，但她不希望在她離世之後，那將會成為她家人的傷心地。這是一種意識到自己不在之後，會留下什麼影響的純然無私胸懷。我的呼叫器響了——是

早班住院醫師找我交班。我在這間病房待了兩個小時,創下與非麻醉病患共處的最長紀錄。回家的路上,我打電話給我媽,說出我好愛她。

3
住院醫師的第二站

　　剛擔任住院醫生的時候，我曾經看過一部有關少林寺高僧的紀錄片。他們在某間偏僻的寺廟裡接受武訓，長達十多年之久，早晨五點起床，一直到半夜十二點才休息，全心過著禁慾生活，完全沒有身外之物。我忍不住心想，其實這也不算很慘──至少他們不必每年遷移、換到另一間截然不同的寺廟，又得重新安頓生活。

　　負責醫學院畢業生受訓的是健保系統的各大教務局，每隔六至十二個月，他們就會更動醫生的服務醫院，確保他們可以從各式各樣的主治醫師身上學習醫術，我覺得這一點也很合理。不幸的是，每一個教務局的管轄區域都幅員廣大，不知道自己會被隨機派配到哪一個單位。比方說，某間教務局底下有肯特、薩里、薩塞克斯，而我一直認為（英國地形測量局亦然）它們明明是三個獨立的大區。還有另一個教務局是蘇格蘭。你也知道蘇格蘭，那個──大家是怎麼說的來著，哦對──整個區域（譯註：一語雙關，也代表了國家）面積廣達

三萬平方英里。如果你正在考慮買下人生的第一間房，那麼要選擇一個方便通達蘇格蘭各處的地點可說是相當困難。就算你瘋了，打算一年買賣房產一兩次，恐怕也是窒礙難行，因為教務局十分慷慨，對於搬家補助的上限是零。

　　所以，當我所有從事實用職業的朋友們都開始繳房貸、生娃娃的時候，我與H卻還在繼續租一年一簽的房子，而且區位約莫是在兩人工作地點的中間，對兩人都很不方便。我的工作本來就對H造成了許多間接傷害，現在又多了一項——他本來就是醫生的鰥夫、我下班後的心理諮商師，現在又成了浪人。

　　我記得有一次因為我們更換住址，我必須打電話給水電瓦斯電信單位、駕駛與車籍管理局之類的機構（我把這當成了賠罪，因為搬家當天我沒辦法請假），然後房屋保險公司的員工詢問了我一個例常問題，家中半夜無人的天數。我這才驚覺要是我一個人獨住的話，那麼這份保單一定無法生效，因為依照法律定義而言，我的租屋處會被認定為「無人居住的房屋」。

　　除了工時之外，其實我相當享受自己在婦產科第一年的時光——我當初選對了。我從每次聽到嗶嗶聲就害怕、走路搖搖晃晃的小鹿斑比，已經蛻變成一個就算稱不上有優雅風姿的雄獐鹿，但至少能讓人留下不錯印象的醫生。現在我已經具備了一點小小的自信，我可以應付每一次的緊急分娩，這多得歸功於我待在一間學長們願意傾囊相授、讓我得以培養專業能力的醫院。

不過，當教務局第二次擲出骰子的時候，我發現自己進入的是一家相當老派的醫院。要是你形容某位阿公或阿嬤「老派」，其實就是暗指他們會講出「跟細眼仔買外帶中國菜」這樣的話。而場景換到了醫院，那就表示「沒有奧援」，你得要靠自己。

　　我從幼稚園的滑雪練習坡直接跳升到連舒馬克也難以駕馭的超高難度黑線道，他們採用的是現今幾乎已經絕跡的「看一次，做一次，換你教下一個」方法。你看著某人摘除輸卵管或是掃描卵巢，這就算是訓練完成了。起初你會覺得這是惡夢一場，但之後就會覺得也沒什麼。因為呢，在這間醫院裡，這已經是最好的狀況了，他們經常直接跳過「看一次」這樣的步驟，就像在夜店廁所跟別人打砲時省掉前戲一樣。

　　現在，網路上的教學影片應有盡有，從修剪嵌甲到分割連體嬰都不成問題[54]。而回想二〇〇六年的時候，只能遵循教科書裡一長串白紙黑字的指示而已，更鬧的是必須在為病人看診之前，記熟這些通常相當複雜的步驟（不是組裝宜家家居的衣櫥，而是組出一輛車）。要是有人盯著你的生殖器，一手拿著手術刀，另一手拿著使用手冊，你會作何感想？我立刻學到一定要散發出絕然自信，就算是雙腿在水底下亂划也一樣。總而言之，千萬別妄想跟我比賽撲克牌，但要是組裝家具零件有困

54　拜託，不管是哪一種，千萬不要自己來。

難，別忘了找我。

　　由於我清醒的多數時間都在工作，再加上茫茫學涯深似海，我在住院醫師的第二站學了很多，而且速度飛快。這種「老派」方法也許不好玩，但的確奏效，那些少林寺的廢物，基本上只是在玩夏令營罷了。

二〇〇六年八月二日星期三

今天是黑色星期三[55]。我開始在聖阿嘉莎醫院工作。大家都知道黑色星期三死亡率會升高，有了心理準備，的確壓力減輕不少，所以我就沒那麼抖了。

二〇〇六年八月十日星期四

我為某位媽媽看診，六個禮拜前，她歷經了一場痛苦煎熬的分娩過程，但現在一切無恙，不過，看來她顯然是有心事。我問她怎麼了，她立刻崩潰大哭——她覺得寶寶有腦瘤，請我檢查一下。其實這不算是我這部門[56]的守備範圍，但只要望一眼那母親的悲慘模樣，我就知道現在不該擺出車站售票窗口臭臉助理的表情、冷冷告訴她應該去找她的家醫才是。我開始檢查她的寶寶，衷心企盼自己有限的小兒科知識能夠解除她的擔憂。

---

55 所有的初級醫生每隔六個月或十二個月更換醫院的日子都是同一天，也就是「黑色星期三」。你可能會覺得玩拼字遊戲的時候，要是一次換掉所有的字母實在太可怕了，但卻希望醫院在人員大搬風之後的運作狀況一切如常。其實大致上是這樣沒錯。

56 父母們似乎以為產科醫生是貓頭鷹博士，對於寶寶的各種問題無所不知，但這真的是誤會大了。除了我們在醫學院依稀記得的半真半假的知識之外，我們根本什麼都不懂。等到寶寶與母親的相連臍帶斷開之後，我們就把他們送出去，從此再也不碰，等到他們也為人父母的時候才會再次相見。

她指了一下寶寶後腦勺的某個硬凸塊。太好了，我可以斬釘截鐵地宣布這是枕骨隆突，頭蓋骨的一部分，極其正常。妳看，妳另一個小孩也有啊！妳的頭也是。

「哦！天哪！」她的淚水依然不停滑落而下，目光從新生兒飄向自己的三歲小孩，然後又望向懷中的寶寶，彷彿在看溫布敦網球賽一樣。「這是遺傳疾病！」

二〇〇六年八月十四日星期一

我的班表包括了每兩週一次要到懷孕初期科做掃描產檢。我從來沒有看過這一台儀器該怎麼操作，今天，我卻獨自為二十個病人看診，伸出自己的顫抖之手，利用陰道超音波探頭，仔細觀察她們的四毫米胚胎細胞[57]。

我請求（其實是卑微乞求）某位研究醫師為我立刻示範一次，他帶引我看了一個病人之後，隨即匆匆趕到手術房。我的下午班住院醫師同事也沒碰過這東西，所以我就帶引她看了她的第一個病人，將我剛學到的技術傳授給她。看一次，做二十次，換你教下一個。

---

57 這聽起來像是高加索山區的高速火車服務，但其實真的沒那麼複雜。靠著超音波棒觀察子宮內部，確定胚胎是否可以繼續發育，還是已經流產或子宮外孕。要是誤診的話，很可能得面對醫療疏失／殺人的起訴罪名。

二〇〇六年八月十六日星期三

我剛完成一次接生，有史以來最順暢的真空吸引器助產。助產士後來告訴我，她還以為我是研究醫師（不過她的外號是「笑面虎」，所以我也不會把她的稱讚當真）。

媽媽打電話給我，妹妹蘇菲順利進入醫學院。我傳訊給小菲，大力恭喜她，然後又送上一張我身穿手術服、伸出兩隻大拇指比讚的照片（底下的血濺部分就裁掉了），還加上一句話：「六年後就換妳了！」

要是媽媽是在我剛值完班的時候打給我，我傳給妹妹的簡訊應該就是：「靠，快逃啊！」

二〇〇六年八月二十一日星期一

我一直把郵局的「無人在府，恕難投遞」通知卡放在身邊，時間已經超過了兩個禮拜之久。我三不五時就會把它拿出來、若有所思仔細端詳，儼然把它當成了自己第一個小孩或過世多年青梅竹馬的照片，我可憐兮兮反覆閱讀取件處的營業時間，希望看到數字突然發生奇蹟變化，但並沒有。

趁午休時間來回郵局一趟，鐵定是來不及，何況我當然沒有午休時間。但我還是不免懷抱一絲期盼，搞不好哪天可以早點下班——比方說醫院被燒光，嗯，或是核戰突然爆發。今

天，我開始要值連續一週的夜班，終於有空可以去拿包裹。不幸的是，郵局只會保留郵件十八天，而我在這段期間內天天都得上班，所以只能退回給寄件人。

長話短說，H明天是收不到他的生日禮物了。

二〇〇六年九月十四日星期四

產前病房的病患CW需要檢查肺部，所以我準備為她預約了磁振造影，逐一詢問她一些基本問題[58]。其實，她不能做磁振造影，因為幾年前，她的右食指指腹裡裝了一塊體積雖小但吸力強大的磁鐵。看來這曾經讓某一個小圈子的人趨之若鶩，動手植入的都是刺青師傅，想要讓這些客戶產生「額外的感應能力」——對於四周金屬物品的超凡感知，有點像是某種顫動的氛圍（這是她的說法），或是氣質稍嫌粗俗的X戰警（這是我的說法）。

老實說，若拿她的體驗心得拿來當行銷話術，會讓人興趣

---

58 在一般狀況下，做電腦斷層掃描不成問題，但孕婦最好避免，因為這表示她們必須接受照射大量X光，只要是喜歡熬夜看深夜恐怖電影的人，絕對可以告訴你放射線加上寶寶的後果實在是不堪設想。許多人都為我解釋過磁振造影的原理，但我還是搞不懂，不過，絕對與X光無關：它的影像生成方法靠的是質子、魔術，還有一塊超大的磁鐵。我說的超大可不是在開玩笑，因為它的尺寸與重量就等於一間一臥公寓。做磁振造影之前，必須要詢問病患是否有金屬心臟瓣膜（它將會以時速一百三十公里的速度衝出已成死屍的病患胸腔，直接貼上機器），或者，是否曾在金屬工廠工作（金屬碎屑會奔衝眼部，一打開磁振造影大門，它們就會從眼球迸飛而出）。

缺缺。她所追求的奇幻飄渺體驗並沒有出現，反而讓她痛苦難耐——她告訴我，她感染了好幾次，而且只要過機場安檢就是一場惡夢。我還開了個小玩笑，想請她悄悄貼近一下我的同事寇馬克，謠傳他有「阿爾伯特親王」[59]陰莖穿環，可以藉此證實是否為真。不過，她告訴我最近那塊磁鐵可能是移位或消磁，現在幾乎什麼都無感，只覺得食指很累贅。其實，她想要拿出那塊磁鐵，不過周遭的疤痕組織會讓這手術變得有點複雜，而這並不在健保的給付範圍之內。我為她預約了電腦斷層掃描——她可以穿鉛衣，胎兒所承受的輻射量可算是微乎其微。不過，要是我直接安排她做磁振造影的話，就可以讓她省下取出食指異物的私人手術費用。

二〇〇六年九月十七日星期天

　　印表機一定是瘋了，不然就是哪個櫃檯人員瘋了——大量紙張不斷冒出，吞沒了護理站。放眼所及的每一個人都在拚命撿紙，想要修好機器，大家的動作都一模一樣——隨便亂戳按鈕，但根本完全無效。
　　紙張從印表機不斷噴洩，蔓延到了產科病房的地板。我撿

---

59 我本來就對生殖器穿環興趣缺缺，當實習醫師的時候，曾經看過某名穿環病人在性交時，慘遭對方扯下小環的慘案，更讓我徹底打消念頭。這種狀況屢見不鮮，泌尿科醫生甚至還為這種病例取了別稱：「阿爾伯特親王的復仇」。

了一張——全是某名新生寶寶的姓名，拿來貼在病歷、手環上的那種標籤貼紙。後來，大家都陷入恐慌，不斷檢查自己的鞋子與背後，擔心自己不小心沾到了貼紙——沒有人想要貼上那樣的標籤走來走去，因為那個新生兒的姓氏「拉普爾」（RAPER）帶來了小小的困擾，等於每張標籤寫的都是「嬰兒強暴犯」。

二〇〇六年九月二十五日星期一

原來另一個世界是過著這樣的生活。我為某個超貴氣病患做例行的產前檢查，她的超貴氣胚胎也一切安好。她超貴氣的八歲小孩詢問她某個經濟學（驚！）的問題，她還沒講出答案，卻轉頭問她另一個超貴氣的五歲小孩：「親愛的，你知道什麼是經濟嗎？」

「媽咪，知道啊，就是飛機裡可怕的那一區。」

大家知道為什麼會起革命了吧。

二〇〇六年九月二十七日星期三

今天是我執業以來第一次請病假，同事們不是很同情我。

「哦，靠！」我打電話給我的研究醫師的時候，他氣急敗壞。「難道你就不能早上過來一下嗎？」我解釋自己嚴重食物

中毒，腸胃不適。「好啦，」他的語氣很厭煩，還有一股壓抑的怒火，我通常只有在家裡才會聽到有人對我這樣說話。「不過，你得要打電話問一下，看哪個休假的人可以補你的班。」

我深信谷歌、葛蘭素史克絕對沒有這樣的工作守則，就連金斯特餡餅公司也不會這樣搞。到底有哪個職場會要求你自己找到病假的代班同事？也許是北韓軍隊吧？我不知道要病重到什麼程度才能擺脫工作，骨盆破裂？淋巴瘤？或者得在加護病房插管，已經無法言語？

所幸我還能夠在不斷嘔吐（不然就是不斷拉肚子）的空檔好不容易擠出幾句話，總算找到了代班人。在電話中我沒有解釋自己在幹什麼——可能聽起來像是在打漆彈。現在，我欠她一次代班，所以其實這根本不算是病假。

我一直在想，要是哪天自己生病，一定是因為職業傷害。我敢打賭一定是某種情緒崩潰，也許是因為缺水引發腎衰竭，不然就是被憤怒家屬打得半死，或是因為值夜班睡眠不足在開車時自撞樹幹。結果，謀殺我的刺客居然比我想的更陰險——我吃了一塊某名產科病患母親自製的希臘焗烤茄子。我十分確定那就是罪魁禍首，因為我一整天工作下來也只吃了那點東西而已。我心想，一定有什麼關於希臘人送禮風格的諺語，可能是逼你從宛若皮下注射針頭的小洞不斷狂瀉；害你的喉嚨裡有膽汁，還有淡淡的茄子氣味。

二〇〇六年九月三十日星期六

我為某名剛到急診室的孕婦做檢傷，她氣喘吁吁，快要生了。我詢問宮縮頻率，她的老公告訴我，每十分鐘約三到四次，持續的時間最長有一分鐘之久。我開始解釋，我必須做內診評估她的擴張程度[60]。

她丈夫說他們離家之前已經檢查過了，她現在是六公分。大部分的準爸爸並不會研究另一半下面的構造，所以我問他是不是醫生。不是，他告訴我，他是泥水匠。「不過，老弟，我很清楚一公分究竟有多長。」我檢查了病患之後，與他得出了一樣的結論，他比我大多數的同事都還要屬害。

二〇〇六年十月七日星期六

自從賽門的第一則臉書貼文出現之後，我已經當他的心理輔導熱線專員長達六個月之久——我曾經告訴過他，只要覺得煩心就可以打電話給我，他果然也沒在客氣。我也一直告訴

---

60 孕婦分娩前的宮縮會讓子宮頸逐步張開，在分娩即將結束時會完全擴張（十公分），到了這個時候，寶寶就可以順利出生。一開始的前幾公分可能得耗費相當漫長的時間，所以要是孕婦沒有到三公分的話，不會收治入院——就像是某間奇怪的夜店，除非妳能夠讓戴著手套的兩指塞入陰道，否則不得進入。其實，我覺得蘇活區搞不好已經有這種地方了。

他，應該要尋求更正規的心理諮詢服務，但他對於這個建議就不是很熱衷。我現在覺得自己又多了一個隨時可能會傳來噩耗的呼叫器，讓我覺得有點喘不過氣來，而且，我覺得他應該找到更能提供具體協助的人，而不是像我這種人，得拚命在谷歌上尋找「對於有自殺傾向的人該說什麼才好？」。但我似乎也並非一無是處——至少，他還活在人間。

最沉重的壓力就是當我發現自己漏接他電話的時候——要是我回電的時候為時晚矣，而他已經自戕，是否等於我犯了錯？我是不是就像踢走那張椅子的人？我想應該不至於如此，但身為醫生就是會有這種感受，而這也許正是我一開始就積極介入的初衷。如果你是第一個發現別人的病患呼吸異常或是驗血結果有問題，你當然應該要負責處理，或者，至少要確定有其他人接手。我相信暖氣系統工程師一遇到壞掉的鍋爐，絕對不可能會出現我們這種反應。顯然這種差異的重點就在於「生死」大事，這正是我們這一行與其他工作不一樣的地方，難怪外人難以理解。

那天傍晚，等到某一台剖腹產結束之後，我回電給賽門。我現在已經把每一次的心理諮商療程縮減到二十分鐘左右——其實就只是傾聽、展現同情、向他保證低潮終究會過去。他一定也知道我們每次聊天的內容都一模一樣，不過，這顯然並不重要——他只是盼望知道有人在乎他，其實，這正是身為醫生的重要職責。

二〇〇六年十月九日星期一

日常的病患蠢行害我逾越了分際，最後逼得我必須在診間四處尋找是否有暗藏監控攝影機。我與某名病患的丈夫聊了許久，他堅稱完全找不到合適的保險套，我後來終於搞清楚了，原來他一直想要把它從卵蛋套下去。

二〇〇六年十月十日星期二

我沒聽到這場爭執的開端，不過，某名婦科門診病患氣嘟嘟衝出來、對著診間的護士大吼：「是我付妳薪水！我付妳薪水！」這位護士立刻嗆回去：「那我可以要求加薪了嗎？」

二〇〇六年十月十九日星期四

這些年來，我的撲克臉發揮了良好的假面功能。我聽到某名八十歲老翁侃侃而談使用某種名叫「屁屁大師」巨型肛塞的時候，可以面不改色；當我在看不孕門診的時候，也可以向某對夫婦溫柔解釋把精液塗抹在女方的肚臍裡並沒有辦法助孕。我只是面無表情坐在那裡，點點頭，就像是邱吉爾保險公司廣告裡的那隻鬥牛犬。「先生，那您說的『屁屁大師』是多大尺寸？」

不過，我的撲克臉卻在今天破功。在早上巡房的時候，某名醫學院學生向我做簡報林佛德（Ringford）太太的狀況——七十歲的婦科病患，因為生殖道嚴重脫垂[61]剛動完重建手術，正在病房休養。很遺憾，當他說出她姓氏的時候，居然發生口誤，稱她為林匹斯（Ringpiece，意同屁眼）太太，我和病人一樣笑翻了。

二〇〇六年十月二十三日星期一

　　急診室呼叫，請我過去檢查某位七十多歲的先生。我向急診室人員再次確認，真的是要呼叫婦科嗎？為男性看診已經超越了我的職掌範圍。看來狀況很複雜，因為他要等我下去之後再當面解釋。

　　我見到了病患NS，某位完全不會說英文的錫克教男士。他正在英國度假，探訪親人，陪伴他的親戚也完全不會說英文，完全派不上用場，我們必須要靠電話通譯服務的協助建立病歷——所以，電話另一頭是某位旁遮普語通譯，而話筒就在病患與醫護之間傳來傳去。這位通譯的履歷應該是很唬爛——

---

61 到了一定年紀的時候，妳的身體就會拚命想要由陰道往外翻，不過，這可以靠骨盆底肌練習進行預防。雖然有健保宣傳手冊列出了這些運動方式，但細節描述令人頭昏腦脹，而我告訴病人的內容簡單扼要：「想像一下自己坐在擠滿鰻魚的浴缸裡，拚命使勁，絕對不能讓任何一條游入體內。」

他能夠講出的旁遮普語，其實也只比完全不會說的人多了那麼一丁點而已。

堅忍不拔的急診室人員靠著通譯，以冰河移動的速度逐步了解病況，現在他們又重述給我聽：病患的「下面」流血，已經有一個禮拜之久，而且——之所以需要我到場——因為病患是雙性人（Hermaphrodite）[62]。我告訴急診室人員，我是真的很懷疑，這位滿臉大鬍子的老人看起來應該不屬於跨性別族群裡的一分子，然後，我要求與通譯對話。

「可否詢問一下病患是否有子宮？」話筒又給了病患，他用旁遮普語對我們不斷怒嚷同一個字詞。然後，他憤憤解開襯衫鈕釦，露出了人工血管[63]——我們異口同聲說道：「血友病（Hemophilia）！」接下來，我就交由他們處理病患的直腸出血問題。

二〇〇六年十月三十一日星期二

道德迷宮。值完了一場長班，我待在產科病房的更衣室裡面。我本來應該是晚上八點下班，但是卻拖到了十點鐘。今晚

---

62 雙性人是一種非常罕見的性別失調症狀，病患同時擁有睪丸與卵巢組織。這個名稱起源於希臘神話的荷姆阿芙蘿黛蒂斯，據說此人具有男女兩種性別。他／她是荷米斯與阿芙蘿黛蒂所生的兒子／女兒，看來他們為小孩命名的方式頗為懶散。

63 人工血管是植入皮下的設備，對於經常需要注射藥物與輸血的病患來說，相當便利。

要去參加一場萬聖節派對，但現在沒有時間回家換應景服裝。不過，我現在身穿醫院工作服，而且從頭到腳都濺滿了血跡，直接過去應該也不算太離譜吧？

二〇〇六年十一月四日星期六

凌晨一點鐘，呼叫器響起，請我去查看某名產後的病患。手術部護理人員[64]告訴傳呼的助產士，我正在動剖腹手術，凌晨一點十五分，呼叫器又響了（我還在動手術），一點三十分，再響（我正忙著填寫手術記錄表）。最後，我終於過去看病人。病況是有多緊急呢？原來她一早要出院，想要趁自己還在醫院的時候，拿到護照申請書所要求的醫生同意簽名。

二〇〇六年十一月十五日星期三

我報名參加了皇家婦產科醫師學會[65]的第一階段考試。有本教科書建議我在複習之前先做考古題——「你可能會驚喜發

---

64 手術部護理人員的角色就是麻醉師的出包助手。

65 成為皇家婦產科醫師學會的會員——如果要往上晉升，這是一定要克服的難關。考試一共分為兩個階段，嚴苛程度不相上下，感覺像是接下了赫丘力士的十二項艱鉅任務（譯註：labor 除了任務之外，亦有分娩的意思），得要展現自己是奮不顧身、全心投入。

現原來自己早就知識廣博！」所以我就試試看嘍。

一九九七年三月第一份考卷的第一題

有關嗜鉻細胞的敘述，何者為真？

A：受到節前交感神經所支配

B：出現於腎上腺皮質

C：源自神經外胚層

D：能夠對胺基酸產生脫羧基作用

E：出現於腹腔神經節

這裡面我會的字不超過一半（而且看懂的幾乎都是介系詞），而且，我還忍不住心想，這到底與我的接生能力有什麼關係？不過，如果這是我的瘋狂加邪惡的老闆們逼我要搞清楚的知識，我又能找誰討價還價？

另一本教科書則是十分樂觀地告訴我：「要是每天晚上抽出一兩個小時看書，那麼，在短短的六個月之內，就可以把皇家婦產科醫師學會第一階段考試的內容全部複習完成。」這就是那種明明企圖拍胸脯保證，但卻會造成反效果的修辭，好比「只是一顆很小的腫瘤」或是「大部分的火勢都已經撲滅」。

我不知道要去哪裡抽出每天額外的兩個小時——恐怕得要放棄我愛睡覺的小小嗜好，或者是縮減通勤時間、直接睡在辦公室的食物儲藏櫃裡面。哦哦，而且我四個月後就得要考試

了，不是六個月。

二〇〇六年十二月二十五日星期一

其實，必須在聖誕節工作，我並不是很介意——到處都放了小點心，大家的心情都很好，而且幾乎看不到什麼慮病症[66]的求診者。一般說來，不會有人想要在聖誕節到醫院當病人，除非是真的生病、真的要分娩，或者真心討厭家人（就這一點來說，我們至少是有一些共同點）。今天早上，我與H在早上還不到七點時火速交換禮物，我覺得他的聖誕心情應該和我不太一樣。

聖阿嘉莎醫院的傳統是要求當班主治醫師[67]必須到院，身穿應景服裝巡房，這也減輕了初級醫師的工作負擔。主治醫師也會帶一袋禮物分贈病人——衛浴用品、聖誕蛋糕之類的東西——因為呢，生病住院過聖誕節的感覺真的是很慘，而這些小東西會讓氣氛變得截然不同。最有趣的是，主治醫師必須打扮成聖誕老公公巡房。

---

66 許多人（我不是指病患，他們完全沒問題）到醫院看病，是因為誤以為自己有哪裡不對勁——這就是大家所熟知的慮病症。如果他們是因為在網路上看到了什麼有的沒的，我們稱其為網路慮病症。

67 在正常工作時段以外的時間，當班主治醫師多待在家中待命，有需要協助的時候，會以電話提供建議，除非遇到緊急狀況才會進院處理。

今天的主治醫師霍普寇克先生,在早上十點鐘左右現身,護理站所有人員的失望之情溢於言表,因為他的穿著居然是毛衣與休閒褲。在眾人大呼「掃興!」與「氣死人了!」的吼聲炸掀天花板之前,他趕緊開口解釋,上次他聖誕節值班的時候,穿了應景道具服、戴大鬍子,巡房巡到一半的時候,有位老人病患突然心臟病發,所以他立刻衝過去做心肺復甦術,某名護士也趕緊趁空把輪床推過來。很不尋常的是,這次心肺復甦術十分成功[68],病患吐氣回魂,卻立刻看到身高一百八十三公分的聖誕老公公與她貼唇,而且手臂還放在她的胸膛。他說道:「我的腦中到現在還聽得到她尖叫的聲音。」

「拜託啦,」其中一名護士開口,她就像看到聖誕節禮物是美術筆盒而不是小貓咪、難掩失望之情的小孩。「戴頂帽子總可以吧?」

---

68 要是你的心臟停止跳動,差不多就是快死了。上帝對於這一點總是把關得很嚴格。如果你癱倒路旁,有路人幫你做心肺復甦術,那麼你的存活率大約是百分之八。而如果地點是在醫院,由受過訓練的人員處理,再加上藥物與去顫器的輔助,存活機率也只是增為兩倍而已。大家其實不是很清楚復甦術有多麼可怕——毫無尊嚴、殘忍,而且成功率奇低無比。當我們在討論是否簽署「拒絕心肺復甦術」同意書的時候,家屬通常希望還是要「竭盡所能急救」,但其實並不了解它的真正意涵。說真的,我覺得那份表格應該要這麼寫才對,「要是你母親的心臟停了,你真的希望我們弄斷她所有的肋骨?讓她觸電而死?」

二〇〇七年一月十七日星期三

為了要鼓勵大家利用公眾交通工具，所以醫院不提供員工停車位——這麼崇高的情操，等於逼我單趟就得花上兩小時二十分鐘的通勤時間。我並沒有這麼做，還是選擇開車七十分鐘，最後把車停在訪客停車場。發明這套收費體系的那些人想必是覺得中兩次樂透的機率是微乎其微，但一定有其他方法可以拿到差不多的年收入。訪客停車場一小時的收費是三英鎊，長時間停車沒有優惠價，而且這個費率一週七天二十四小時完全相同，完全沒有優惠時段，只有聖誕節除外，他們可能覺得，要是連這一天都不放過的話就未免也太貪心了。

不過，他們對產婦例外施恩，要是有產科病房護士長簽署的停車券，就可以免費停三天。我和護士長們關係不錯——主因並不是因為我每天都在出手解救產科的緊急狀況，而是因為我偶爾會送一盒漩渦奶油餅乾。所以大家自然很樂意每隔個幾天就幫我簽停車券，在過去這幾個月當中，我就是靠著這種水貨市場的運作方式停車。

不過，就在今天，這一招已經不再管用了。因為我的車被鎖了輪胎，擋風玻璃上面還開了張一百二十英鎊的解鎖罰單。我在想花五十英鎊買台角磨機，理應比較划算，但我已經工作了十二個小時之久，只想要趕快回家睡覺。所以我拿起罰單，想知道該打電話聯絡誰，卻發現停車場管理員在罰單後面寫了

幾個字：「靠！生小孩也生太久了吧！」

二〇〇七年一月二十一日星期天

我今天正想到已經好一陣子沒出現「有東西意外卡在人體孔洞」的劇情了，說巧不巧，就有個二十多歲的病患出現在急診室，因為她無法取出卡在那裡的某個瓶子。陰道擴張器[69]進去了——所以這次是什麼呢？香奈兒五號？兩公升瓶裝的橘子汽水？還是我在二十四年前玩《龍與地下城》桌遊快要破關的時候、我不肯喝下的那一瓶神奇藥水？答案揭曉，原來是尿檢用試管，裡面已經裝滿了尿。

我實在無法參透這其中到底有什麼玄機，所以直接請她給我明示。原來，她必須把無吸毒的尿液樣本交給保釋官，明明只要不碰毒就可以過關了，但她偏偏不要，請她媽媽備尿，然後塞入自己的陰道，等到保釋官將驗尿試管交給她的時候，她就可以把媽媽的尿倒進去。要是把整段過程記錄在病歷裡，一定會寫得半死，所以我乾脆假裝什麼都沒問，直接讓她回家。

---

69 一種拿來檢視陰道內部鴨嘴狀的大型金屬器材。第一個陰道擴張器是由某位名叫席姆斯的美國人於一八四五年所研發而成。後來，他在自傳裡寫道：「如果說有什麼事讓我深惡痛絕，那就是檢查女性骨盆的器官。」也難怪他會發明出這麼可怕的工具。

二〇〇七年一月二十九日星期一

　　兩個禮拜前，我最喜歡的那個病人過世了，真的讓我好傷心。這結果不算意外：畢竟KL已經邁入風中殘燭之年，都八十歲了，而且罹患卵巢癌，已經出現轉移，當我剛進入這一科的時候，她就已經入院，期間只短暫出院了幾次而已。她身高只有一百五十二公分，完全看不出波蘭人的豪邁之氣，她有雙明亮閃動的眼眸，喜歡講述家鄉悠悠綿長往事，就在快要進入高潮的時候，她就會懶得講下去——幾乎所有的結尾都是「叭啦叭啦叭啦」，然後隨便揮手打發。

　　最棒的一點，她超討厭我的主治醫師佛萊契爾教授，雖然她足足大了他十五歲，但每次一看到他，她就喊他「老頭」，而且對他說話時為了強調重點，還會伸出食指戳他的胸膛，還有一次，她甚至要求見他的直屬上司。巡房的時候，我總是十分期待走向她的床位——每次都聊得很開心，我覺得真是相見恨晚。

　　雖然我們家族住在英格蘭已經長達三代之久，不但與英國人通婚，而且還把小孩送入昂貴學校就讀，但她還是一眼就猜出我的波蘭血統。她詢問我原本的家族姓氏，我告訴她是史戴克歐夫斯基，她說這麼好的波蘭姓氏就這麼消失了，真是傷感，我應該要對自己的繼承傳統感到驕傲，日後要改回來才

是[70]。

接下來的那幾個月，我見過了她所有的子女，還有好幾個來探病的親友，她總是這麼嚷嚷：「現在他們總算喜歡我了吧！」玩笑歸玩笑，你還是可以看得出來大家為什麼會過來，因為她具有某種充滿磁性的人格特質。

當我知道她過世的時候，我十分難過，決定要去參加葬禮——我覺得這理所當然。當天下午的門診，我與人換班，同時基於禮貌性知會，我也告訴佛萊契爾教授我要去參加葬禮。

他告訴我不可以去——醫生不能參加病人的葬禮，這種舉動有失專業。我不太懂為什麼，他的重點是個人與專業之間的分際必須要劃分清楚，我也多少同意他的看法，不過他的那種語氣似乎在暗示我想要去勾引她的孫子，或是想要在她的遺囑裡偷塞自己的名字一樣。我懷疑潛在原因其實是某種老派思維，要是病患過世，那就表示醫師「打了敗仗」或「不合格」，隱約有罪責或恥辱的意思。就婦女腫瘤科的狀況來說，這種立論基礎實在是很薄弱，因為我們的病患死亡率一定是高居不下。他的反應讓我很失望——部分原因是因為我已經特地準備好了西裝，還拿去乾洗——但他是我老闆，而且他擺明態度不希望我去。

---

70 這個姓氏的發音近似「罷工—閃人」（Strike-Offski），所以我覺得對醫生來說這不太適當。

當然，我還是出席了葬禮——特別是因為這與她對他那種「去死吧」的態度不謀而合。那是一場令人感動的儀式，我確信我來對了——這是為了我，還有那些我在病房時認識的親友。而且，我還因此跟她的某個孫子上了床[71]。

---

71 某位律師曾經建議我：「我覺得你應該要強調一下這是在開玩笑。」

4
住院醫師的第三站

我知道大家都會哀嘆薪水，覺得自己應該要領更多錢才
是，不過，當我現在以一種還算是有點公正客觀的態度、欣然
回首擔任住院醫師的那段日子，我必須說，薪水真的是太低
了。那樣的錢與所肩負的責任完全不成比例——我們的確是在
做生死抉擇——而且，已經念了醫學院六年，加上任職醫生三
年，取得了專科考試合格證書。就算你覺得我們的稅後週薪收
入比火車司機少也是理所當然，但我們每個禮拜必須持續不斷
賣力工作長達上百個小時，也是不爭的事實。換言之，醫院外
面那些停車計費器的時薪都比我們高。

不過，醫生們一直不太會抱怨薪水。別管那些臭嘴政客偶
爾說出的鬼話，這絕對不是那種看到鈔票符號就會心花朵朵開
的職業，而且，就算你對薪水不滿意也無計可施。這是由中
央統一決定，整個醫療界都是如此。也許，稱其為薪水也沒
用——健保體系應該要把他們給醫生的錢叫作「零用金」，直
接承認這就是低於行情，但他們進入這一行是因為熱血，而不

是什麼金錢需索[72]。

　　這一行並沒有傳統行業給予員工的那一種獎金結構。不可能會有紅利——目前最接近的是「骨灰金」——初級醫師替殯儀館禮儀師簽署文件、確認即將火化的死者無安裝心律調節器，一份是四十英鎊（心律調節器會在火化過程中爆炸，讓整個火葬場與會眾也跟著一起完蛋，這很可能就像是在一場劍拔弩張的葬禮當中，眾人大暴走的場景）。試想，這與依績效敘薪的制度根本是完全相反。我們不需要討好上司或大幅領先同儕，也絕對不會有被突然擢升的機會，因為你就是得按照固定的速度，循序漸進往上爬。

　　大家似乎都以為醫生搭飛機可以免費升等，但其實呢，只有穿上西裝——然後開始在倫敦金融城謀職、賺了更多的錢、買下商務艙機票，才可能坐到那種座位。我想，要是自己的身體哪裡不對勁的時候，的確是可以在工作場合詢問到各種專科醫師的非正式意見。這一點還不錯，但話說回來，下班後抽出時間去診所看病的機會十分渺茫。不過，只要一有機會就為每一個朋友提供醫療建議，這種優點真的值得嗎？我不確定。以後就只會聽到「你可不可以簡單看一下就好？」[73]而不是「嗨，

---

72 就像是神父因為履行神職（或是喜歡合唱團小男孩，要看不同宗派而定）而得到零用金一樣。

73 說來真的很煩，自從我當了電視編劇之後，這種狀況更是雪上加霜。每天被問「你覺得這疹子是怎麼回事？」的次數，居然比「你覺得這腳本怎麼樣」還多。

見到你真是太開心了。」唯一能讓我稍微寬心的是我不需要為親戚提供諮詢，因為他們自己大多是醫生。

　　在醫療界努力拚戰不懈，但完全沒有擢升與金錢的刺激，不過，更令人難以接受的是，很少有機會聽到一句「做得好」。那些被要求以輕盈腳步退出房間、永遠不會與女王有眼神接觸的白金漢宮管家們，搞不好會贏得更多的讚許。我多年來一直無知無覺，一直到第五次還是第六次因為粗心而犯了小錯、遭到警告的時候，我才驚覺從來沒有任何一個主治醫師會把我拉到一旁，稱讚我表現優異，或者，在我做出明智抉擇、救人一命、反應敏捷，或是連續十三次值班都超時而毫無怨言的時候，也得不到任何肯定。沒有人是因為要博取讚美，或者每次表現良好時想拿到金色星星或餅乾而加入健保體系，偶爾讚揚一下，就算沒有實質獎勵，對員工展現良好態度，也能讓他們積極投入工作——這應該是基本心理學（以及常識）吧。

　　不過，病患們反而比較明白這個道理。當某個病人向你道謝的時候，你知道那是他們的肺腑之言——雖然其實我也沒做什麼特別的事，不過就是解決了當天的某個小狀況而已。只要有病人送我卡片，我一定都會留下來，親友送的生日卡與耶誕卡我都是看了就丟，但我每一次搬家的時候，一定會帶走這些卡片，尤其當我結束醫生生涯、把所有醫學檔案清光光的時候，我更加珍惜它們。它們等於是拳頭互觸的溫馨小動作，能夠讓我繼續前進；它們是來自病患的體貼燦光，可以照耀在上

司們無法，或者是根本不願意碰觸的黑暗區域。

　　現在，我擔任住院醫師，已經做到了第三個職位，我終於第一次覺得自己的表現受到某位主治醫師的認可。就在我合約還剩下幾個月的時候，我的臨床醫師主管告訴我，有位研究醫師為了要接下某個研究工作，打算要提早離開，詢問我有沒有興趣晉升一階、在班表上遞補此人的空缺？她還說她很欣賞我在這個單位的表現。我知道這是在撒謊，因為她只見過我兩次而已——其中一次是剛來報到的時候，另一次是對我破口大罵，一開始給病患抗生素的時候居然是直接口服，而不是靜脈注射。顯然她只是看過了所有人的履歷，算出我是擔任住院醫師最久的人。不過，有時候只要他們真的把你挖掘出來就夠了，過程如何並不重要，所以我露出燦爛笑容，回道我十分樂意。

　　而且，就現實面看來，這一點也能讓我的生活為之改觀。我與H交往三年，打算要進入成人生活的下一個階段，準備買間公寓。我已經決定要犧牲一點通勤時間，讓我們能夠有個永遠的窩，一個真正能被稱之為家的地方，可以在牆上掛照片，而不會被扣五十英鎊押金的住所。在那個時候，我的非同業朋友們大多已經爬到了人生資產的第二層，你也知道當周遭的朋友都在做某件事，而你卻沒有的時候是什麼感覺。無論是在派對裡與人指交、拿到駕照，還是花數十萬英鎊買下枯朽建木的地窖——沒有人想要當殿後的那一個。

對於薪水我必須錙銖必較，因為好看數字對於申請貸款有加分效果。我詢問這位主治醫師，既然我要接的是研究醫師的職位，薪資是否也會調到同一範疇？她笑了好久，笑聲狂放，我想，就算是有兩層雙開門相隔的產科病房，也可以聽得一清二楚。

二〇〇七年二月十二日星期一

我在急診室為某名病患開事後避孕藥,她開口問我:「我昨天晚上跟三個男人上床,吃一顆就夠了嗎?」

二〇〇七年二月二十二日星期四

今天早上,我拿出三個月的銀行對帳單給貸款代辦人,讓他評估我的日常消費支出,他計算之後,開口問我:「你⋯⋯不常出門吧?」這是我第一次對自己的職業滿懷感恩之情——要是我能夠像其他二、三十歲的人一樣,擁有那種正常社交生活,我們不可能存下足夠的錢。

看到錢的流向,著實令人沮喪:買了一堆咖啡、花了一堆油錢、叫了一堆外帶披薩——全都是務實的生活必需品。看不太出來有什麼娛樂或是浮誇活動——我們不去酒吧、餐廳、電影院,也沒有度假。等等,那是什麼?有了——音樂劇門票!買完後沒多久,我就買花送給H道歉,因為我在進場前的最後一分鐘臨時放鳥。好慘,這種事發生的次數太多了,我根本不記得那一次到底是出了什麼緊急狀況還是人手不足。

二〇〇七年二月二十八日星期三

我在婦科看門診，因為某名患者的病況問題、上網查詢皇家婦產科醫師學會的診治要點。醫院資訊部封鎖了他們的官網，將其列為「色情」網站。

二〇〇七年三月十二日星期一

我相信如果自己在婦產科出包的話，可以馬上在十五分鐘內轉到精神科接受再訓——與賽門聊過了十多次之後，我已經完成了基本的自主培訓。今晚我壓力很大，所以他打電話給我的時候，我小小抱怨了一下工作。我萬萬沒想到他聽到這些話之後居然心情好多了。他可能是可怕的虐待狂，發現我度過了悲慘的一天甚是欣喜；不然，就是當他發現每個人的生活都各有難處的時候，讓他覺得很安慰。畢竟，同病相憐——進入醫生們的食堂就知道了。

也許這就是當你第一次與別人正式交往，見到對方家人時的那種感覺——你驚覺原來不是只有自己的家裡亂七八糟、隱藏了許多可怕秘密與噁心的用餐習慣。我們結束通話之前，賽門笑得歇斯底里，因為我說我今天在徒手剝離胎盤的時候，一小坨胎盤飛到我的嘴巴裡。這樣看來，他應該是虐待狂無誤。

二〇〇七年三月十五日星期四

今天在產前檢查門診的時候，我詢問某名孕婦現在是幾週了，對方許久不語，只聽得見齒輪徐轉，攝影機緩緩搖攝、掃過整片荒原。數學未必是每一個人的強項，但答案不就是在六與四十之間嗎？想必大家最近一定經常問她才是，她終於開口了。

「全部嗎？」

對，全部。

「天，我連到底是幾個月都沒辦法告訴你……」

她是不是罹患了失憶症？或者她是另一個女人的複製版？而本尊已經被關在某個邪惡科幻片惡徒的巢穴之中？我正打算要問她最後一次月經是什麼時候，她卻先打斷了我。

「嗯，我六月就要滿三十二歲，所以應該是超過了一千個禮拜……」

哦哦我的天。

二〇〇七年三月二十二日星期四

給《龍穴之創業投資》節目的妙點子：有貪睡按鈕功能的嗶嗶。

二〇〇七年四月五日星期四

君子報仇，十年不晚——但千萬不要搞錯下毒的對象。呼叫器響起，我到病房去檢查某位病患：她早上做了骨盆膿瘍引流的腹腔鏡手術，整晚都有心跳過快的問題。我看了一下病歷，這位女士五十多歲，收到了珍珠項鍊作為結婚紀念日的禮物，但卻發現老公送禮的對象不是只有她一個而已。她的反應似乎像是直接取材自某種變態色情片的劇情——拿了自己與老公的信用卡，前往千里達及托巴哥（譯註：位於加勒比海的島國）旅遊，在為期兩週的假期當中，只要有與男人性交的機會絕對不放過，在床笫（還有海灘）行樂的全套劇碼還包括了肛交。

回到英國之後，雖然雙腿痠軟，但她依然奮勇續戰，過沒多久之後，她發現自己腹痛難耐，而且她下面那塊「千里達及托巴哥」還冒出宛若季風暴雨般的膿水，診斷結果是骨盆腔發炎[74]，就連以靜脈注射抗生素也無法徹底斷根——看來加勒比海有某種武器級的淋病在到處肆虐，今天的療程應該可以讓她恢復身體健康。

---

[74] 在感染淋病或披衣菌卻沒有治療的狀況下，向上蔓延，造成骨盆腔器官沾黏——這時候治療就會相當棘手，甚至會造成持續性骨盆腔疼痛的後遺症。此外，這也是婦女不孕的主要原因之一。基本上，記得每次都要使用保險套，不然等到妳真的不孕的時候，就根本不需要它們了。

結果，她脈搏過快的原因並不是因為手術併發症，而是因為她哭得亂七八糟。我問她出了什麼事，她說她十八歲的兒子明天要過來探病，她不知道該怎麼對他開口——要是他知道她入院的病因之後會作何反應？我向她保證，十八歲的男生寧願把自己的睪丸剝皮、浸泡在麥芽醋裡面，也絕對不會問媽媽為什麼會住進婦科病房。光是「女人問題」這個字眼——尤其是以壓低聲音、目光緊盯他不放的方式說出來——馬上就會讓他轉變話題，就算得放把小小的火轉移大家的注意力也在所不惜。

她不哭了，脈搏也降回正常數值，但她現在恐怕得想辦法為自己的黝黑膚色擠出合理藉口……

二〇〇七年四月九日星期一

考試成績公布了。真不知道我是怎麼辦到的，居然通過了皇家婦產科醫師學會的第一階段考試，於是我與隆恩一起到酒吧慶祝。但不幸的是，等一下我得立刻回去值夜班，所以只能點完全不含酒精的飲料，我猜滿身酒氣出現在醫院一定會引來大家皺眉以對。隆恩最近剛通過他的會計師專業資格考試，所以我們兩個就比較了一下。他的公司縮減了他的工時，讓他可以好好溫書，而我必須在下班之後、撐著滿布血絲的雙眼偷時間念書。隆恩在考前有一整個月的溫書假，而我雖然請了一個

禮拜，但是班表多出的空缺表示最後還是不准假，完全沒有商量的餘地。他的公司支付所有的考試與教材費用，而我必須自掏腰包購買三百英鎊的教科書、上五百英鎊的課程、一百英鎊的線上學習資源、四百英鎊的考試報名費，總共是一千三百英鎊──也只不過是我每月稅後淨收入的三分之二而已。

我小心翼翼作答，但其實那根本不是人工閱卷──而是選擇題考卷，你拿著鉛筆、塗滿正確答案的格線，然後由電腦掃描計分，我還把我幹來的皇家婦產科醫師學會鉛筆拿給隆恩看。

他通過考試之後，立刻升官加薪，而我過關的意義就只是可以參加第二階段的考試。

「不是這樣啦。這場考試的意義就只是呢，」隆恩語氣滿是同情，「你花了一千三百英鎊、幹了一支鉛筆。」

二〇〇七年四月十九日星期四

感染控制部門發電郵通知所有的醫生，如果必須進入臨床環境，不可穿著長袖襯衫。某項研究檢驗了襯衫袖口，發現它的骯髒程度比新鮮人糞製成的襯衫與隨便密封的伊波拉病毒瓶還可怕。顯然領帶也在禁令範圍之內，它總是晃啊晃的，不斷在各式各樣的流膿傷口進進出出，就像是聚酯纖維材質的死士蜜蜂在醫院裡四處授粉傳毒。

從今以後，我們只能穿短袖襯衫了，所以我本來想要在上班時打扮得像是《*Vogue*》封面人物的期望也就此落空，還得花錢買五件短袖襯衫。此外，上頭還有交代，我們不能打領帶，但打啾啾可以——所以我們只剩下兩種裝扮可供選擇，看是要當空少還是怪叔叔。謝了，那我還是不要打啾啾吧。要喝茶？咖啡？需要熱毛巾嗎？

二〇〇七年五月二日星期三

我同意某對夫婦可以進行剖腹產，隨即詢問他們：「有沒有什麼問題？」

「有，」他們的六歲小孩插嘴，「你覺得耶穌是黑人嗎？」

二〇〇七年五月五日星期六

我沒找到提振工作士氣的方法，但倒是發明了賺津貼的小撇步：把手術衣帶回家當睡衣，在半夜偷吃剩下的病患餐點。現在是凌晨一點鐘，我餓得半死，在接下來的七個小時當中，這是我能夠吃點東西的唯一機會了，所以我悄悄溜進婦科病房的廚房。顯然想要吃免費食物的人不是只有我而已——冰箱上貼了新的告示，警告醫院工作人員這裡的餐點僅供病人使用。就安檢系統的標準看來，這東西根本不夠力——光靠著一張

A4紙、寶貼黏合劑，以及漫畫風格字體，恐怕很難阻擋意志堅決的偷吃賊。

今晚的佳餚是「素肉風格美味切丁佐葡萄乾」。看來他們已經找了埃森哲顧問公司幫忙、想出了令人倒胃至極的食譜選項。看來也只能一賭，看看是否只靠神經緊繃的心情加上紅牛提神飲料熬過今晚了。

二〇〇七年五月十二日星期六

我的搭機哲學是喝得爛醉，所以只要是腦袋正常的空服員絕對不會想讓我去碰生病的乘客，在過去這幾年當中，這一招十分管用[75]。今晚，我的報應終於來了，不是在搭機的時候，而是在十二個小時之後，我和隆恩、他的妻子漢娜在格拉斯哥度週末，吃完晚餐，喝了一攤又一攤、數不盡的攤，終於準備走回旅館的那一段路程。

凌晨一點鐘，我們走過巴斯街，看到三個將近二十歲的年輕人窩在某間商店門口外頭的地下室階梯，四周漫溢大量鮮

---

[75] 我的家人們比我善良多了。某個聖誕節，英航送了我爸爸兩張全球任點機票表達謝忱，因為當初他們在詢問「機上是否有醫生？」的時候，他挺身而出，從醫藥箱裡面拿出了一些抗組織胺藥交給他們。而我哥哥（也是家醫）的經驗就實在沒什麼好說的了──他搭乘某家廉航，幾乎整段航程都在搶救某個狀況緊急的心臟病患者，而且手邊的醫療資源相當匱乏，對方連致意的「謝謝」都沒說，當然更沒有什麼免費的峇里島之旅。

血。這景象看起來很不真實，彷彿是第五頻道戲劇裡的謀殺案場景。他們看起來都喝得爛醉——但我們也沒有好到哪裡去——其中一個似乎是前臂大動脈出血，無法判斷他失了多少血，但絕對超過了一公升。他還有意識，但幾乎快要昏迷，而且完全沒有人施救止血。

我立刻清醒過來，告訴他們我是醫生。他的朋友們立刻指向那道碎裂的玻璃門，一直嚷嚷他不慎摔倒撞了下去，大家都看得出來他撞破了某間書報攤，但他們的語氣彷彿是此時此刻會有誰在關注這件事一樣。他們已經叫了救護車，但我還是請隆恩撥打九九九、請他們加快速度，然後又叫漢娜撕開T恤做止血帶。

我把傷者手臂抬高，用力壓住，他的脈搏緩慢微弱[76]，意識時有時無。我一直講話，不停講話，講個不停——告訴他救護車真的馬上就過來了，我是醫生，一切都會平安無恙。到底講了幾次，或者講出的是否是真話都不重要——你自己要深信不疑，因為他們必須要相信這些話。

我覺得他彷彿心臟快停了，我趕緊在腦海中複習心肺復甦術，萬一他真的不行的時候，我可以立刻不假思索急救。這樣合法嗎？——在喝醉的狀況下進行急救？我對於自己處理這種

---

76 要是你失血，脈搏通常會加速——心臟需要格外使勁、供給全身氧氣，因為現在可傳輸的血量變少。如果在這種狀況下脈搏變得短淺，往往是因為身體已經逐漸衰竭，準備丟毛巾投降了。

狀況很有信心，但萬一他在我手中斷氣的話就不妙了。所幸救護車幾乎在同一時間趕到，立刻接手輸液，挽回一命。最後沒事就好，但等待救護車的時候讓我全身無力虛脫。回到飯店之後，我從小冰箱裡拿出一瓶十二英鎊的小酒瓶，這才發現就算自己在飛機上的醫療資源也比剛才的狀況充裕多了，就連威士忌也比較便宜。

二〇〇七年五月十四日星期一

我待在醫生食堂，我的朋友札克——目前正在骨科工作——他告訴我，他老是會把「肩膀」與「手肘」搞混，所以在使用這兩個詞彙之前都必須要非常專心。我還沒時間搞清楚這有什麼問題，也不明白這對他日後的病患又會造成什麼影響，坐在旁邊沙發上的某名加護病房研究醫師就突然插話進來：她從小時候就一直會搞混「昏迷」（coma）與「蠶繭」（cocoon）。她越是絞盡腦汁想要記清楚，她心中的吶喊就越來越響亮，妳一定是搞錯了。她還從皮夾裡拿出一張紙給我們看，上面有兩行字：

蠶繭＝昆蟲

昏迷＝病人

我們懂了，這樣一來，就不會發生那種讓大家狂笑不止的畫面，請某位傷心欲絕的家屬先坐下來，然後宣布：你的老公

陷入「蠶繭」之中的噩耗。

二〇〇七年六月十二日星期二

再過五分鐘值班就結束了，我得要準時下班趕赴晚餐之約。一如往常，最後一刻還是下不了班，我被叫去看某位病人——有二度撕裂傷[77]，負責照顧她的助產士告訴我，她的工作合約裡還沒有簽縫合這個項目[78]。

我：「我也沒有。」

助產士：「這種事你又不用簽——你是醫生。」（真令人沮喪，但這是實情。）

我：「不是有另外一名助產士可以處理嗎？」

助產士：「她在休假。」

我：「我也是。」（其實不是。）

助產士：「你才沒有休假。」（真令人沮喪，但這是實情。）

---

[77] 生小孩會把妳的下面撕裂成碎片，這是完全無可避免的狀況，尤其初產婦更是如此。杜蕾斯應該要效法一下菸商，在保險套盒子上印出產後會陰的照片——絕對不會有女人看過之後還敢冒著懷孕的風險、從事危險性行為。第一度撕裂傷是皮膚，而第二度則是會陰肌，第三度就包括了肛門括約肌，而第四度就會扯爛大腿或其他部分。

[78] 在絕大部分狀況下，醫生與助產士在產科病房裡的角色劃分得十分清楚——助產士負責一般的分娩，而萬一媽媽或寶寶的健康有危險，抑或是分娩過程中可能有狀況，那就是由醫生處理。至於由誰負責縫合第一度與第二度撕裂傷？這就屬於比你阿嬤陰道更暗沉的灰色地帶了。

我：（我的聲帶以某種我從來沒發出過的聲音開始哀求。）「可是今天是我生日。」（真令人沮喪，但這是實情。）

助產士：「這裡是產房——每天都有人在過生日啊。」

二〇〇七年六月十九日星期二

所有的臨床醫護人員都收到了某封電郵，重點是要讓我們知道某名精神科病患在診斷出肺炎之後已轉入呼吸照護病房。不過，這並不是那種有小朋友剛轉學進來時、校方發出「看到他要打招呼哦」的那種通知。就在昨天，有人發現他在病房裡四處走動，就像是婚禮上遲遲不願離開、拚命在四處掃盤的阿姨，只要看到哪個病友床邊桌有痰罐，立刻就吞下肚。

院方建議我們要立刻將臨床標本送入化驗室，在目前這種時候，千萬不要讓別人有可乘之機。有人回覆所有收件者，只淡淡丟了一個字：「嗯」，感覺就像是親眼見到核子反應爐爆炸，卻只是輕嘆一聲「哎呀呀」。

二〇〇七年六月二十六日星期二

我最近霉運纏身。我們去了H好友露娜的家裡——露娜懷有身孕，就在晚餐前，她拿出了他們最近做的3D產前掃描相簿給我們看。我對於3D產前掃描的看法是這樣的——根本沒

有任何功能，只是讓3D公司賺大錢，還會讓參加晚餐派對的客人無聊到死而已——我擔心萬一說出來的話，一定會招來大家討厭，所以我就從善如流，基於禮貌翻了一下。

露娜問我：「看起來一切都沒問題吧？」我很想告訴她：「靠，不就是跟大家的都一樣嘛。」但此話一出可能會遭到大家唾棄，所以我只是展現親切微笑，把那些照片還給她。「她看起來非常好。」客廳的溫度瞬間陡降了十度左右，露娜的眼神閃過一抹凌厲殺氣。「她？她？」

這可以說是我第一次出包，更糟糕的是發生在朋友的面前，而不是病人。這頓晚餐變得像是吃了兩個禮拜一樣那麼漫長，大家拚命閃避四目相接，而且主人態度粗魯，把我的餐盤砰一聲擱在我面前。

我和H的居家氣氛已經夠緊張的了，現在更是雪上加霜。兩個禮拜之前，我們購置公寓的計畫功敗垂成。看來屋主完全不理會我的血壓問題，也不管我與H的關係開始出現了一點摩擦，反正決定不要賣了。其實我懷疑他們只是不打算賣給我們，很可能是因為有其他買家出了更高的價格。幸好，我們也只是花了他媽的兩三千英鎊請律師加勘測啊什麼的。我對這棟公寓已經摸得一清二楚——我連對自己的直系血親都沒那麼了解——但我現在卻再也不會踏進去了。大家都告訴我們事出必有因。而我們會遇到這種事的唯一原因就是這世界偏愛王八蛋，擺明了要逼我們在接下來的那幾個月當中，必須犧牲所有

的休假時間與仲介往來。

　　不過，日子還是得過下去，就算是處處充滿了勾動回憶的惱人印記也一樣。首先，是元氣大傷的銀行帳戶，還有，除非我為了避免創傷後壓力症候群，願意多繞個五分鐘，不然在我每天一早去上班的路程中，鐵定會看到那間公寓。就在今天——很神奇，彷彿就是要證明我逃不了一樣——那一對毀了我們築巢之夢的夫妻，居然出現在我的產檢門診。我以前從來沒有見過他們，但他們家的地址就出現在我面前，就是那個地址，害我的幸福留下無法磨滅的傷痕。

　　在塔倫提諾的電影中，這時候的我就會生出兩把武士刀，滔滔不絕講出有關榮譽、復仇，以及尊重的十分鐘長篇大論，然後將他們斬首。不過，其實呢，我只是開口說道：「嗨，我是亞當——我是這裡的醫生。」他們毫不知情。很遺憾，道德、誠實、法律的種種問題把我的復仇機會限縮到幾近於零，所以我雖然咬牙切齒，還是竭盡所能完成了門診。我不是百分百確定寶寶是否為頭位[79]，所以我立刻為這位準媽媽做掃描，胎位正常，一切無恙。「要不要看心跳？」我問了之後又開始說明，「嗯——都很正常。手臂，另一隻手臂，大腿，這裡是他的陰莖……哦哦，你們還不知道他的性別？」

---

79 頭位表示胎兒頭部向下——這是正常，而相反的是臀位。懷孕的臀位比例是百分之三，著名的例子包括了暴君尼祿、德皇威廉二世、法蘭克・辛納屈，以及比利・喬。要是你因為這一題而在酒吧裡贏了益智問答比賽，記得要請我喝酒。

二〇〇七年六月三十日星期六

報紙有條新聞，醫院清潔工假扮了好幾年的醫生，最後鋃鐺入獄。我才剛值完班，忍不住心想自己要是扮成清潔工，會不會被別人識破？

二〇〇七年七月十日星期二

看來我必須要改變一下自己的話術。通常，我都是這麼說的：「光看腹部超音波是沒有任何狀況——但並不表示可以就此高枕無憂，早期懷孕階段很難用這種方式看出端倪。要是我用陰道超音波探頭做仔細檢查，妳沒問題吧？」

然後今天發生了那起意外事件，要是我還能保住自己的醫生執照的話，我的全新起手式應該是這樣：「光看腹部超音波是沒有任何狀況——但並不表示可以就此高枕無憂，早期懷孕階段很難用這種方式看出端倪。要是我用陰道超音波探頭做仔細檢查，妳沒問題吧？等一下我會從抽屜裡拿出保險套與一小包潤滑液。我要先澄清一下：保險套是套在超音波探頭上面，使用潤滑液是為了套子。當妳看到我手中的東西之後，拜託千萬不要尖叫得那麼誇張，逼得三名醫護人員立刻衝入診間。」

二〇〇七年七月二十三日星期一

今天要讓某位剛動完腹腔鏡結紮手術的病患回家。我告訴她，只要她覺得準備好了，就可以再次行房，不過，在下次月經到來之前，必須要採用別的避孕方法。我朝她先生點了一下頭，繼續說道：「也就是說，他必須要戴保險套。」我不太懂，為什麼他們兩人的臉色那麼可怕，全都垮下來了，就像是電影《法櫃奇兵》結尾時的納粹面孔。我剛說了什麼？不就是個中肯建議嗎？我又再次打量了他們一會兒，這才發現那男人其實是她爸爸。

二〇〇七年七月三十一日星期二

某個實習醫生昨晚出現在急診室，她吞了大量的抗憂鬱藥物企圖自殺，醫生們都麻木無感。我們以為應該其實會有更多醫生自殺，但其實並沒有，這一點才是讓大家嘖嘖稱奇——我們必須扛下沉重的責任，但幾乎沒有人指導，而且完全沒有任何的醫院資源輔助[80]。你自己一個人累得半死，把自己逼到了超人極限，最後卻老是覺得不知自己到底在做什麼。有時候這

---

80 根據醫療保護協會在二〇一五年所做的某項研究，百分之八十五的醫生都出現過心理健康問題，而且有一成三承認曾有自殺念頭。根據二〇〇九年的《英國精神病學期刊》論文，英國年輕女醫的自殺率比其他女性高出了二點五倍。

只是感覺，其實最後沒事——但有時候是真的不知道自己在幹嘛。

　　所幸，這次的狀況是後者，她吞下抗憂鬱藥物的劑量完全無害。要是換作其他產業，某人的工作壓力大到想自殺，那麼當局應該會啟動某種調查，查出原因並予以改正，希望再也不會發生這種憾事。不過，大家都沒說話——我們都只是從朋友那裡聽到了消息，就像是以前在學校操場一樣。就算她死了，我們也不會收到任何電郵，我覺得這也沒什麼好詫異的。不過，醫院對於照顧員工一向愚蠢失職，而且冥頑不靈，倒是讓我瞠目結舌。

5
研究醫師——第一站

　　身為實習醫生的時候，總是覺得你的研究醫生絕對錯不了，好聰明，也許地位差不多就像是上帝吧，或是谷歌，總是盡量避免勞煩他們。到了住院醫師的時候，只要你卡關、需要找到解答，他們就是你的避風港：只要利用呼叫器、馬上就可以得到智慧開示的安全網。然後，就在不知不覺的狀況下，**你**自己成了研究醫師。在婦產科，身為研究醫師，就表示你常常會是醫院部門裡最資深的那一個，三不五時就得帶頭巡房。大家會開始稱呼你凱先生，而不是凱醫師——這簡直像是讓前十年的苦讀付諸流水一樣。你必須要教導醫學院學生，必須要執行所有的手術，但重大的除外。最關鍵的是，你要負責整個產科病房。萬一碰到戒備狀態第一級狀況的時候，會有資深研究醫師在場，甚至可能連主治醫師也會出現。不過，身為研究醫師，就表示你得同時肩負十二對臨盆母親與寶寶的安危。這個很可能需要動剖腹手術、那兩個需要動用人工輔助陰道分娩，還有一個在大量出血。管理優先排序成了你的強項，就像是一

天到晚在做邏輯考題一樣；船、狐狸、小雞，還有一袋穀粒。不過，我身邊有十二隻雞，每隻都在生三顆蛋，然後這艘船的材質居然是糖。

聽起來很可怕——偶爾確是如此——不過，在我邁入研究醫生的第一天之後，我的腳步變得輕盈多了。當然比不上我入行那一天的樂觀——我當時真的在撒紙花。我突然覺得自己已經在朝主治醫師之路邁進、享受喜訊到來時的當下心情。不只是因為再過幾年之後就可以取得某個資深的職銜，而是因為可以真的開始想像自己擔任那個職位的場景，而且搞不好還做得不錯。我覺得工作與家庭都總算撥雲見日，彷彿現在才發現手中的地圖一直拿反了。這是我有生以來第一次覺得與非同業朋友相比，其實自己也沒那麼慘。我有公寓，有一輛（還算）新的車，還有一段（多少算是）穩定的關係，我覺得心滿意足。這不是沾沾自喜或驕傲得意，只是與我過去一直覺得無法滿足的日子形成了明顯對比。

我發覺大多數的同事並沒有這麼幸運，尤其是家庭生活。我之所以還能夠維繫下去，靠的是超越人類能力範圍的高度容忍與諒解，大部分醫生的伴侶關係在一年多之後都會崩解——兩人之間的裂痕也未免出現得太過快速，就像是某種奇怪的提早老化病症一樣。

靠著健保系統的酷愛果汁當點滴晚餐、加班晚歸、一大早上班、為同事代班，這四、五年來早就成為固定的生活日常。

此種工時對經營家庭來說當然更是雪上加霜。許多非同業的人都認為，到家時間是晚上十點還是晚上八點，應該還是多少有自主選擇權。但說真的，唯一的選擇就是你要整的對象是自己抑或是病人。前者的確是很煩心，但後者表示有人會喪命——所以這其實不能算是選項之一。這套體系靠的是最精簡的人力，而且，幾乎所有的晚班都得仰賴醫生善心付出超過簽約工時的加班時數，我們萬萬不可能刻意犧牲病患的安全，所以，我們不會準時下班——也就是說，每次值班幾乎都是得加班收場。當然，醫療人員不是唯一得晚上加班的族群——律師與銀行人員亦是如此——但至少他們能夠成為「週末戰士」，放下頭髮解放本性，來一次四十八小時毫不間斷的享樂時光，而我們的週末通常都在值班。

但重點不只是時數，因為回家的時候通常已經是心情委頓。精疲力竭，過了壓力十足的一整天，暴躁易怒，甚至當伴侶在下班後譙同事的日常內容，也會被你嗤之以鼻。當他們一開始講出自己的職場紛爭的時候——除非他們的工作是走鋼索、消防員，或是漢堡王的得來速點餐員，不然也不會是什麼生死掙扎的經歷——他們馬上就會知道接下來會怎樣了，我們會不假思索、立刻搶下話題主導權，大談自己的可怕一天。

你的潛意識知道必須要為自己做出抉擇。得要停止向對方訴說自己的工作苦楚、在家裡永遠像個恍神的遊魂，不然就是培養出某種鐵石心腸的堅硬外殼，顯然這並非是當人伴侶的理

想特質。

　　我有一些同事到了這個階段已經有了小孩，他們每天都得要面對托兒的惡夢，當醫生這一行所累積的各種心理學標準情緒，又多加了一項：「罪惡感」。我沒有小孩，但是我能夠理解自己同事只能用電話向小孩道晚安，而不是幫他們掖被、為他們唸《古肥貓》時候的那種揪痛。或者，經常因為產科病房一團混亂，根本連那通電話也沒辦法打。我有個在一般外科的朋友，自己兒子動緊急手術的時候無法到場，因為他得要為別人的兒子動緊急手術，但就是找不到別人替他代班。

　　等到我成為研究醫師之後，我發現了某個有趣的弔詭之處，雖然在工作上成了排序專家，但在真實生活中的表現通常就很糟糕。不過，我偶爾會覺得自己是這條規則的例外——就是那種平衡技巧還算是高超，可以把所有的盤子轉得嚇嚇叫的那種人。現在，我只需要確保不會有任何一個盤子摔得稀巴爛……

二〇〇七年八月十六日星期四

驚悚故事來了。病患GL的基因成分應該有一半是枸杞食譜，另外一半是育兒網站的貼文，她宣布想要吃自己的胎盤。助產士和我都假裝沒聽到——首先，我們不知道醫院的規定為何，其次，這種要求真的是噁心透頂。病患GL還講出了「食胎盤行為」這種詞語，想要增添它的正當性，但其實洗白效果不怎麼樣，因為不管是什麼詞語，只要講得像是古希臘語一樣[81]，聽起來就是比較假掰。

她開始解釋這種行為在其他哺乳類動物相當常見，這又是另一個立論薄弱的說法——我們不會讓其他的哺乳類動物角逐國會議員或是開公車，也不會把他們跟家具打砲或是吞下自己小孩的行為（按照她的命名法，很可能會稱之為「食子行為」）予以合理化。

我轉換話題，切入更緊急的重點，我說現在得用產鉗夾住她寶寶的頭、幫助嬰兒順利出生。過程很順利，寶寶健康——回家後也不會有問題，但等到開始接受自學、被帶去參加住

---

81 「膽肛之愛」（Cholelithoproctophilia）（譯註：該字為三個希臘字字根，Cholelitho、procto、philia，意思分別是膽、肛門、愛）就是把所有的膽石塞入你的屁股，但這是我鬼扯出來的字詞。還有「眼針之愛」（Orbitobelonephilia）（譯註：該字為三個希臘字字根，Orbito、belone、philia，意思分別是眼睛、針、愛）——拿針戳眼睛。「Craniophallic anastomosis」（譯註：Craniophallic由頭顱、陰莖兩個字根所組成，anastomosis為吻合術。）——雞巴男。

在圓頂野帳的全家歡天體假期之後就很難說了。過了幾分鐘之後，我準備要幫她娩出胎盤，我抬頭望著GL，準備要開始與她討論那個她希望我幫忙的尷尬話題。她手裡拿了一個腎形盤，而且把一坨坨的血塊往嘴裡塞。

「難道這東西就是胎盤嗎？」鮮血從她嘴角流下，她的模樣宛若德古拉與餅乾怪獸交配的噁心後代。我向她解釋，那只是我剛才接生寶寶之後、留在某個容器裡的血塊。她的臉色瞬時煞白，然後又轉為慘綠。她可能覺得胎盤是美味的產後點心，但這些鮮血並不是。她舉起那個腎形盤，一直吐個不停。抱歉，應該這樣說比較好，她出現了嘔血症狀。

二〇〇七年九月十九日星期三

大學教學中心的行政部主任發了電郵給我：

親愛的亞當：

您也知道，我們一向很感謝您對於大學部教學的付出。勞煩您日後在寄發有關四年級學生授課的電郵、提到大學教學中心的時候，請您使用大學教學（Undergraduate Learning）中心，而不是幼教教學（Early Learning）中心。

二〇〇七年十月二日星期二

我有七通未接來電，都是賽門打的，此外，還有幾通語音留言，全都是早上的時候。我愣了一會兒，才按下播放鍵——我心中有數，一切已經太遲了，我已經開始在想之後該對驗屍官說些什麼是好。結果是賽門把手機放在口袋裡，誤觸多次，真是個小混蛋。

二〇〇七年十月二十四日星期三

今晚產科病房很平靜，所以我進入值班室，躺在床上滑臉書，稍微休息一下。有人貼出了某個人生成就清單表，裡面有一百個各式各樣的項目供你勾選，看看你完成了多少項的人生成就解鎖。有沒有去過中國長城？騎過鴕鳥？在賭城的某個無邊際游泳池旁邊讓巴瑞・曼尼洛的其中一名保鑣為你口交？原來我幾乎一事無成。我又掃了一下自己的電郵，然後開始打手槍[82]。

---

[82] 我不知道醫學總會對於醫生在值班室打手槍的態度是什麼。我在整理這本書的時候，曾經寫了一封電郵，希望他們能夠講個清楚，但那封信一直在我的草稿匣，後來我沒膽，乾脆直接刪掉。不過，大家都會在值班室裡幹這種事。反正，當你的醫生在半夜衝入你的病房的時候，要確定他有使用乾洗手。

打手槍打到一半的時候，出現緊急呼叫[83]，我穿回手術衣的褲子，衝入產房——準媽媽正在分娩，而胎兒監視器的數字令人好著急。我走進去還不到一分鐘，就以產鉗拉出了寶寶。母子均安，我的表現還是不錯。現在，我可以寫下自己的人生成就清單表，勾選這個已經解鎖的項目：「在大老二還翹高高的時候接生寶寶」。

二〇〇七年十一月一日星期四

我正準備要動緊急剖腹手術，我的住院醫師衝到手術房告訴我另一間產科病房的孕婦記錄狀況異常，可能需要人工輔助陰道分娩。我的資深研究醫師正在大手術室進行某項難纏的複雜緊急婦科手術，而這名住院醫師其實正在接受家醫科的訓練，只是來婦產科見習六個月，所以現在是我的個人秀。我請她用手機把胎兒監視器的畫面拍給我看，讓我可以評估狀況嚴重到什麼程度，然後開始構思救治計畫。

等到她又衝回手術房的時候，我已經順利接生寶寶，準備縫合子宮。胎兒監視器的記錄異常狀況比住院醫師描述的更為嚴重，但我還得花十五分鐘才能完成縫合。所以我又縫了一

---

83 遇到攸關生死的緊急狀況，可能會接到緊急呼叫——呼叫器有語音功能，告訴你該直奔哪個地方，可以省下寶貴的幾秒鐘。

針，讓子宮止血，請手術房護士準備濕潤的大型棉花棒、放在病患敞開的肚子上面（害她看起來像是驚悚版的天線寶寶），然後道歉，立刻奔向另一間、迅速以產鉗接生另一名寶寶。我還來不及鬆開寶寶頭上的鉗口，隔壁產科病房的緊急求救按鈕又閃個不停。又是棘手的胎兒記錄狀況異常，這次需要真空吸引器，接下來則是小心處理產後大出血。

等到我回到手術房、為最早的那一台剖腹產收尾，已經是將近九十分鐘之後的事了。等到這個大功告成之後，也到了該交班給早班研究醫師的時候了。我把自己的超級英雄事蹟告訴他，原本以為他會說出醫院應該要以我的名字重新命名之類的話，但我只聽到冷淡的回覆：「嗯，這種事常發生嘛。」彷彿我剛剛講的是咖啡店的葡萄乾麵包賣完了一樣。

二〇〇七年十一月五日星期一

產前檢查門診病患告訴我，她覺得壓力很大，所以每天早上都會找桃樂絲。誰是桃樂絲？是不是她天天護送到街上買東西的哪個姑婆？藉此當成某種詭異的放鬆運動？就像是心靈撫慰犬？她後來告訴我，桃樂絲是 K 他命的黑話[84]。

---

84 K 他命還有 K、奇巧（Kit Kat）、特 K 玉米片等別稱。就算她先前已經說出自己每天早上都會來一點特 K 玉米片，但我應該還是不會聯想到那東西。

「結果有助減壓嗎？」——我是真心想要知道答案。

二〇〇七年十一月十二日星期一

所有的外科醫護人員都被叫到「幼教教學中心」，聆聽有關病患安全的演講。上禮拜有名病患被摘除了健康的左腎，體內只剩下一顆完全沒用的右腎。

院方強調在過去這三年中，英國一共發生了十五次頭顱鑽錯邊的神經外科手術意外。他們手持百得電鑽、在分不清左右的狀況下就直接對著你的頭骨下手，居然高達十五次之多，我覺得「又不是像開腦手術那麼難」那句諺語也可以功成身退了。

院方為了不要重蹈覆轍，態度十分積極，絕對不能再看到這種嚴重的腎臟手術失誤——不過，對這個可憐的病患來說，恐怕是為時晚矣，我看他的骨灰被撒在水岸的時候應該也是弄錯邊了。

演講結論就是，他們頒布了新的醫院規定，只要進入手術房的病人，必須以夏比簽字筆在左腿或右腿畫出箭頭，確定下刀方向無誤。我立刻舉手發問，萬一病人的另外一隻大腿上早就有箭頭刺青該怎麼辦？這句話引起哄堂大笑，我的主治醫師還說我是超搞笑小丑。

二〇〇七年十一月十三日星期二

我收到臨床管理中心主任范恩醫生的電郵，他建議要是發現病患在某條大腿上有箭頭的刺青，那麼就應該要以通氣膠帶蓋住圖案，然後以夏比簽字筆在正確方向的那隻大腿上畫出新箭頭。現在，這條說明已經納入新政策的書面規範之中，他很感謝我的寶貴貢獻。

二〇〇八年一月八日星期二

英國人變胖速度之快，根本超過了葛雷格斯麵包店打烊時、電動輪椅族衝去搶購的敏捷狂速。今天，我們又更換了產科病房手術台，這是多年來的第二次耗損，因為在上個月的時候，我們雖然剛購置了「過重手術台」，但卻被某名體重超過承重限制的婦女壓壞了。

我知道這是很棘手的課題，不過，當你的體型大到醫院必須為你訂製特殊器材的時候，這當然是首先出現的一大警訊，現在是趕緊甩肉的大好時機了。

最新的手術台裝有可翻開、避免「肉溢」的巨大側翼，就像是祖母在聖誕節時為了要放置多餘的所有酥餅，可以拉出延伸桌面的那種餐桌，只不過這是工業版等級。我覺得就算是把「卡蒂薩克號」帆船放在上面也不成問題——它得靠十個大男

人，還有某種液壓設備才送入手術室，而且足足花了他們快兩個小時。

我覺得接下來要擔心的問題是哪天做剖腹產手術做到一半的時候，這個手術台壓破地板、砸死了樓下的所有皮膚科醫護人員。

二〇〇八年一月十九日星期六

今天我整個人斯德哥爾摩症候群發作，決定在週六休假日去上班。H告訴我：「你知道嗎，要是你有其他交往對象，大可以直接告訴我就是了。」

昨天是我第一次做全子宮切除術加雙側輸卵管與卵巢切除術[85]，想知道病人術後是否安好。今天早上每當我電話一響，我都覺得是週末值班小組打電話過來，可能是她的傷口爆裂或是我戳破了她的腸子、切斷了輸尿管，或是害她內出血而亡。反正我就是得讓自己安心一下，不然這樣下去我一定會瘋掉。

顯然她狀況很好，而且我的同事佛列德已經檢查過她的狀況。突然之間，我覺得好尷尬——我不希望他認為我不信任他的醫術（我並沒有這意思），所以我躡手躡腳溜出病房，希望

---

85 顧名思義，全子宮切除術加雙側輸卵管與卵巢切除術就是摘除子宮、子宮頸、輸卵管以及卵巢。輸卵管與卵巢切除術（salpingo-oophorectomy）一共有三個o排在一起，應該也算是創下某種紀錄吧？

不會被別人發現。我的動作可能不是那麼輕巧——出去的時候正好遇見他，我只好假裝自己「只是正好路過」，所以乾脆過來看看她是否無恙。

「千萬不要內疚……」佛列德聳肩，把他自己第一個動完大手術過後、卻在院內死亡的病患故事告訴了我。他拚命檢查她的狀況，還為她小心翼翼準備了術後照護計畫。然後，就在她準備出院的那一天，她因為吃雞蛋水芹三明治而噎死了。

為了保險起見，現在我開始半認真考慮讓我的病人禁食，一直到出院為止。「只是正好路過」任務結束之後，我上了車，準備要開一小時的車回家，想到了H先前跟我說的話。就算我想要偷吃，說真的，我已經累到連拉開褲襠拉鍊的力氣都沒有了。

二〇〇八年二月二十六日星期二

我準備要為病患FR做子宮鏡檢查[86]，當我在解釋流程的時候，她開口問我：「最壞的狀況會是什麼？」病人老是愛問這種問題，但我真希望大家不要再問了，因為如果要聽真話，就

---

86 也就是把某個小攝影機放入子宮，婦科仰賴的主要檢查方式之一——主要是為了檢查異常出血，但萬一你不知還能做什麼的時候，這也是一種例常的檢查程序。史上的第一次子宮鏡檢查是在一八六九年，自此之後，大部分的婦科醫療單位就沒有買過任何新設備。

是死亡。就她的狀況來說，死亡機率是微乎其微，大多數會提出這種疑問的病人，得到的答案也是如此，但這種問題會害我在為她們進行手術之前，一直想到死神。

在過去這幾個月當中，只要有人問起「最壞的狀況會是什麼？」我的答案都是「這個世界會爆炸」。這種說法通常效果不錯，病患立刻知道自己是在小題大作，氣氛也不會變得那麼緊繃。而且，我也沒在說謊──世界末日是遲早的事吧，而且，無庸置疑，那一刻我鐵定是在產科病房工作。

結果，FR居然是那種深信世界將在五年內毀滅的鐵桿信徒，邀請我下週到布里克斯頓學院聆聽大衛‧艾克[87]的演說。我搞不好會去，反正天塌下來也不過就是那樣吧？

二〇〇八年二月二十九日星期五

每每遇到特別的場合，就會催化病患把特殊類別的物品塞入自己的陰道和肛門。尤其是聖誕節的時候，更讓我頻頻見識到各種大禮，有人把聖誕樹頂的仙子塞了進去（「要我還給你嗎？」「好啊，只需要洗一下，她就可以恢復貴氣。」），因為對槲寄生過敏而嚴重發腫的陰戶，還有，某位病人把一串聖

---

87 艾克以陰謀論理論走跳江湖，而且還否認納粹大屠殺，他的演說總是又冗長又瘋狂，等到這本書出版的時候，想必他將成為我們的外相。

誕燈泡塞入陰道、開啟燈源，因而造成了陰道輕微灼傷（使得「我讓聖誕燈泡照亮自己」這句話有了新解）。這是我當醫生的第一個閏年，大英帝國的子民從禮包裡取出的這份贈禮，讓我留下了非常、非常特殊的創傷。

病患JB打算趁佳節到來向男友求婚——花錢買了訂婚戒，還費心放入某個健達出奇蛋，發揮巧思，把它塞入了陰道。她打算勸誘男友以手指挑逗她，然後他就會發現那顆蛋，取出之後，她單膝下跪（哦，也可能是他吧）。每一個部分都充滿了驚奇、噁心，我猜也有浪漫吧。很不幸，原定計畫變了調，他沒有辦法把它取出來——它一直往裡鑽——無論他們兩個人怎麼挖，就是沒辦法讓這隻獨特的母鵝下金蛋。她很猛，對於自己安排的驚喜，堅持要保密到底，就是不肯對他講出自己到底做了什麼或是背後的真正理由，不過，最後她覺得這還是得進醫院，所以我們就在三號診間見面了。我靠著海綿鉗接生這顆蛋，簡單得不得了。

在這個時候，她也還是沒告訴我那顆蛋裡到底有什麼，所以當她要求她男友打開的時候，我和他都一頭霧水。我立刻給了他一雙乳膠手套，徹底磨光了這起事件所殘存的兆分之一的浪漫。她劈頭就問要不要結婚，他回答說他願意，很可能是因為驚嚇，或是害怕自己萬一拒絕的話，會拿健達出奇蛋搞出這種花樣的女人不知會對他做出什麼事。我忍不住心想，在他們舉行結婚典禮的時候，伴郎會把婚戒藏在哪裡呢？

二〇〇八年三月十七日星期一

我不知道是誰覺得初級醫生有這麼多的閒工夫，應該要由我們處理年度查核報告？但這個禮拜就要召開查核會議，所以我趕緊趁值完夜班之後審視病歷，我的翻閱動作，就像是查泰萊夫人面對沒有命根子的克里夫特爵士老公的態度。我也彙整了阿普伽新生兒評分[88]量表的正式數據資料，居然被我意外發現了某個有趣的現象，我也同時為它添加了一些統計數字。

簡介

我們單位每年接生兩千五百個寶寶，約有七百五十個是剖腹產。醫生必須為每一名病患手寫記錄手術報告，這代表了永久有效的接生過程法律文書。

方法

我親自審閱了三百八十二份剖腹產手術報告，這代表了在二〇〇七年一月至六月之間的手術總台數。

---

88 阿普伽新生兒（APGAR）評分量表是評估新生兒健康表現的標準方法 —— 依照外表（Appearance）、脈搏（Pulse）、不悅（Grimace）、活動（Activity）、呼吸（Respiration）等面向計分。發明這套系統的是一位名叫維吉尼亞・阿普伽的醫生，我覺得她只是為了要符合自己的姓氏，任意挑選了五個評判標準。要是由我來選的話，我覺得評估寶寶健康的最佳面向是踢腿（Kicking）、鼓掌（Applauding）、打哈欠（Yawning）。（譯註：這三個字母結合而成的頭字語Kay正好是作者的姓氏。）

結果

在一百零九個案例（佔整體比例的百分之二十八點五）當中，執行手術的外科醫生都把剖腹產誤拼為「caesarian」，正確的拼法是「caesarean」。

結論

在近乎三分之一的案例中，我的同事的表現都跟白痴一樣，明明需要記得的手術名稱就只有那一百零一個，但居然連字都會拼錯。

二〇〇八年四月十七日星期四

有時候，只要一點小動作就能讓產科病房的氣氛為之一變。生產已經虛脫無力的媽媽，輕觸你的手臂，喃喃道謝；某名住院醫師看到你累垮了，幫你買了瓶健怡可樂；主治醫師對你點頭示意肯定，以動作說出了「我就知道你辦得到」。而有的時候呢，驚天動地的大動作也會讓產科病房的氣氛為之一變——比方說，某名接受緊急剖腹產的孕婦老公把我拉到一旁道謝，還提到他是某間大型香檳企業的英國區營運長，他想要詢問我的名字，讓他可以送點「小東西」致意。在那一個禮拜當中，我一直在幻想自己窩在昂貴泡泡滿至杯緣的大型香檳寬口杯裡面開心玩水，就像是某種炫富的諷刺場景。

今天，我在上班的時候收到了包裹——我不是不知好歹，不過，這是在開什麼玩笑？印有商標的帽子和鑰匙圈？

二〇〇八年四月二十一日星期一

　　我在為某個自願剖腹產的病患動手術，有個宿醉未醒的醫學院學生在旁協助。我們可能會動用到深層熱療[89]，發出的香酥氣息宛若在煎培根，除此之外，產科手術房的景象與味道也很難讓宿醉者覺得舒服。看看這裡有哪些東西：超過半公升、噴得到處都是的鮮血，還有，切開子宮的時候流出的那一波羊水，比貓舍排水孔積垢更濁膩的寶寶黏膜，氣味總是宛若腐臭精液的胎盤──如果你打嗝時還留有「野格炸彈」雞尾酒的殘氣、雙眼淚油還散發乳酪咖哩羊肉的味道，那麼，想必你絕對不想面對上述的一切。寶寶出來了，正當我要縫合子宮的時候，那名學生暈倒，整張臉栽進了病患大敞的肚子裡。麻醉師說道：「我們應該要給病患一點抗生素。」

二〇〇八年五月十三日星期二

　　我與隆恩和其他朋友參加酒吧益智問答比賽，其中一個問題是：「人有多少根骨頭？」我脫口而出，大約是六十根吧，瞬間造成隊友群情激憤。我努力為自己辯駁：老師沒教這東

---

89 深層熱療基本上就是一塊焊鐵──對你鎖定的區域進行加熱，靠著封鎔的方式阻止微血管出血。在手術前清理病患皮膚的時候，切記不能使用酒精基底的消毒劑，要不然的話，深層熱療的火花很可能會害病患著火。

西，我們也不會有什麼臨床狀況需要知道這種知識，完全無關緊要，我覺得隆恩也沒辦法說出課稅的類別到底有多少種……但太遲了，我看到大家的驚恐神色，每個人都在拚命回想，以前曾向這個居然不知道人骨有幾根的醫生詢問過哪些醫療問題。不過，其他三隊都講出了正確答案[90]。

二〇〇八年六月二日星期一

產前門診。助產士請我檢查她的病人——來院做例行產檢的三十二週的初產婦[91]。助產士使用了都卜勒胎心音偵測器[92]，卻無法偵測到寶寶心跳，所以她希望我趕快過去一下。這種事經常發生，而且其實百分之九十九都只是虛驚一場。我通常會拿出可攜式超音波掃描機，放在輪車上推過去，姿勢就像是空姐在推餐車，然後立刻讓準父母看到螢幕上的寶寶心跳，再把機器推回去，一路上掛著笑嘻嘻的表情，就像是電視益智節目的主持人。

不過，當我一進去的時候，立刻發現顯然這是百分之一的那種狀況。助產士其實心裡有數，她臉色慘白。患者自己是家

---

90 答案是兩百零六根。

91 初產婦意指第一次懷孕的婦女，而經產婦是指至少已有一次懷孕經驗以上的孕婦。

92 某種可以聆聽寶寶心跳的手持器材。

醫科醫生，另一半是眼科的研究醫生，所以這狀況實在很罕見，這個房間裡的每一個人都已經知道狀況不妙。在開始使用超音波探頭之前，我連「我相信一切平安無事」這種話都說不出口。

更慘的是，這對父母明明知道我一直盯著螢幕、望著他們寶寶的那四個動也不動的心房與心室，但為了病歷紀錄，我還是必須呼叫某名主治醫師確認死胎。她理性自持——突然之間進入工作模式，她就像我一樣高舉著自己的情感護盾。而他完全崩潰，「叫我們怎麼能親眼看著自己的孩子死去？」

二〇〇八年六月五日星期四

班表讓我在醫院裡忙得團團轉，排程似乎完全沒有章法——先是產前門診，然後是婦科手術，接下來是不孕症門診，然後又到產科病房做陰道鏡檢查與掃描——所以，我覺得周邊的每個人都是生面孔。現在，除了咖世家那些把拿鐵交給我的店員之外，我已經不覺得自己有機會看到認識的人。

同一個病患能夠見上兩次的機會可說是微乎其微，不過，就在我下午到產科病房巡房的時候，我見到了那位幾天前被我診斷出寶寶胎死腹中的女家醫。她準備接受引產，住進產科病房[93]，她和她先生看到我似乎出奇開心——某張熟悉的臉孔，不

---

93 要是寶寶胎死腹中，最安全的引產地點就是在產科病房，這裡有數十名母嬰相伴，對病患來說格外殘酷。

需要多作解釋、已經知道出了什麼狀況的人,也許,在如此悲淒可怕的一天,多少算是種安慰吧。

我到底該說些什麼才好?我覺得在我們受訓的過程中似乎有一道可怕的缺口,根本沒有人告訴我們該對悲傷的準父母說些什麼。要是我態度積極,鼓勵他們「再接再厲」,這樣能緩解心情嗎?還是會讓他們更傷心?我想要給他們希望,但卻覺得不該說出這種話。這就像是遇到有人分手的時候,講出「天涯何處無芳草」一樣過分,彷彿隨便換哪個寶寶都沒關係,只要有就行了。我是不是該講出自己的遺憾心情?這樣是不是太自以為是?讓他們還得考量另一個人的感受?想必已經有許多親人在他們面前哀傷潰堤,他們當然不需要從我口中聽到這樣的話語。那麼擁抱呢?是不是太超過?還是不夠?

把自己知道的講出來就是了。我就事論事,告訴他們接下來這幾個小時的各種流程。他們有好多問題,我都盡力一一解答。顯然這是他們現在的面對之道,以醫學治療的角度處理悲傷。

大約每隔一小時,我就會過去查看他們的狀況。已經過了晚上八點,我決定繼續守在產科病房,等到引產結束之後再離開。H正等著我回家,但我卻傳了簡訊,謊稱有緊急狀況需要留院。我也不知道自己為什麼沒辦法直接說真話。當病患問我為什麼已經過了十一點還待在這裡的時候,我也對她撒謊:「我在幫別人代班。」我覺得只要自己在場,雖然口拙,但應該對他們多少有點幫助。

十二點過後沒多久，開始引產，我從母親身上採了血液樣本，講出了我們死胎成因的所有檢驗項目。他們傾向全做，這一點也合情合理，不過，這就表示我必須從寶寶身上取得皮膚與肌肉樣本，這是我工作中最艱難的任務。剛入行之際，遇到這種不得不動手的時刻，我的情緒嚴重低落到必須得別開目光。現在，我對於這種事稍微比較麻木了，我可以直視，然而這依然是一種我永遠不可能無動於衷的悲劇。切開死亡寶寶的屍體，就是會讓我心碎傷感，我們期待他們美麗完美，不要變成被寵溺的小孩，但通常還是成了小霸王。他已經死了兩個禮拜，我望著他——全身都被浸軟，脫皮，頭部軟垂，外表簡直像是燒傷了一樣。「抱歉，」我忙著採樣，同時向他道歉。「馬上好，現在沒事了。」

我又為他穿上衣服，仰望我認為並不存在的上帝，開口說道：「要好好照顧他。」

二〇〇八年六月十日星期二

我在荷蘭公園被警察攔下，「先生，難道你沒發現自己闖紅燈嗎？」老實說，還真的沒有。我開車回家時已經進入自動駕駛模式。剛值完一個忙得半死的晚班，中間還動了五次的剖腹產手術，已經全身累癱，幸好我開刀的時候比開車專心多了。

我向這些同為第一線的弟兄們開口解釋，我剛連續工作了十三個小時，剛從產科病房出來，他們根本不鳥我，給了我六十英鎊的罰單，而且還因為違規被記了三點。

二〇〇八年六月十八日星期三

在病人面前講暗語，這一招我早就駕輕就熟。隨便一個混淆視聽的字詞就能造成天壤之別——要不病人會發弘願替你蓋神壇，不然就是指控你要害他們喪命。我們在狗兒面前必須提到散步的時候，以ㄙ－ㄢ－ㄅ－ㄨ當暗號；或者為了避免直接講出離婚前分居，改以ㄌㄧ－ㄏ－ㄨ－ㄣ－ㄑㄧ－ㄢ－ㄈ－ㄣ－ㄐ－ㄩ哄騙五歲小孩，而我們在醫院也有同樣一套體系[94]。

---

94 暗語一共分為三個層級。首先，是正式的拉丁語與希臘語。所以我們會說「dyspnoea」，而不會直接說「呼吸困難」；我們會說「epididymo--orchitis」（副睪丸炎），而不會說「故障的大老二與蛋蛋」。第二個層級是使用委婉修辭，我們不說梅毒，而是請同事以「性病研究實驗室凝集法」檢查數值，而這其實就是梅毒檢驗方法，我們也不說愛滋病毒，而改以「CD4細胞不足」代之，指的就是潛藏的免疫系統問題。第三個層級好玩多了，是在過去這二、三十年當中、成為醫療界行話的瞎編字眼，乍聽之下煞有介事，而且有科學根據，可以讓你在病患面前大方講出來，但他們卻什麼都不知道。

以下是我的最愛：

慢性葡萄糖中毒——肥胖。

囚監發炎症（Incarceritis）——被逮捕之後立刻裝病的症候群。

Q症狀——舌頭從嘴巴的側邊露出，整個形狀就像個Q。就病患預後的角度來說，狀況實在很不妙，但更糟糕的是黑點Q症狀，外露的舌頭還停了隻蒼蠅。

戲劇化狀態（Status dramaticus）——健康狀況良好，但就是過於激動。

療癒式放血——驗血後就覺得好多了。

轉至十五樓——死亡（數字因應各家醫院總樓層數而各有不同，反正多加一層就對了）。

但我們有時候需要隱瞞病情的對象不只是病人而已，就連在同事面前，我也發明出某個讓巴格蕭特小姐聽不懂的暗號，讓我能在這位主治醫師的冗長巡房過程中稍微喘口氣。當我需要咖啡因提神的時候，我會這麼告訴實習醫生：「去看一下巴克星太太。」他馬上就會衝去星巴克為我買咖啡。三個月過去了，她一直沒有參透這個似乎無法破解的密語，或者，她早就知道了，但覺得我吐出的咖啡氣味誘人難耐而不願點破。

二〇〇八年六月二十日星期五

我在教住院醫師某種以釘書機縫合傷口的方法，我覺得這東西很棒，可以在十五分鐘之內達到與縫針一樣的效果[95]。他的運用技巧還不錯，但最後我發現他使用了十針。我對他解釋，如果收尾的針數是偶數會倒楣，所以請他在傷口中央多加一針。我不是迷信的人——我可以開開心心從梯子下面鑽過去，家裡放滿了打開的傘也不成問題——但這是我多年前學到的事，自此之後就一直傳授給學弟妹。科學也許能夠碾壓迷信，但要是曾經有人告訴你某種手術技巧會招來厄運，那麼最好還是安全為上，而不要徒增遺憾。沒有人想要在半夜聽到呼叫器

---

95 皮膚縫合所使用的器材與技術因人而異。而我們所使用的醫用釘書機縫合器，以及跟釘書針一樣的縫合釘，其實就是你在雷曼文具店買到的那種釘書機工具的微調版本。

響起、發現是病患肚子前方意外露出了一大坨腸子。

經過我詳細解說該如何阻卻這種來自神秘世界的緊急危機之後，我的住院醫師拿起釘書機，壓下了最後一根護身符——也不小心把某根訂書針釘入了我的指腹。

二〇〇八年七月三日星期四

這兩天病患 TH 一直告訴我，有人在她的吸乳器上面加裝了竊聽器。我答應她我們一定會好好調查，因為一開始我安慰她沒事的時候，她居然大吼大叫，指責我跟那些俄羅斯人站在同一陣線。我的診斷是產後精神病[96]，這個結論應該沒什麼爭議，但是卻無法說服精神科醫師，他們認為她的錯亂狀況還不需要看診，她並不會做出戕害自己與寶寶的行為。這種話就像是骨科拒絕醫治斷腿的病患，因為反正他們又不會去參加紐約馬拉松比賽。

今天接到了急診室的電話——因為警方介入的關係，病患 TH 正在精神科接受診治。樓下的星巴克打給九九九緊急專線，因為她激動難平，脫光所有衣物，站在桌上大唱〈等待英雄〉。我們總算知道精神科醫師的收診標準，也算是獲益良多。

---

96 產後憂鬱症的核爆版本——生產之後出現嚴重精神病症狀，發生率約為千分之一。

二〇〇八年七月四日星期五

病人NS出現在泌尿婦科的門診，她要更換環狀子宮托[97]，因為原來的不見了。她問我是不是有其他形狀可供選擇，因為現在她覺得環狀子宮托會造成一點「心理負擔」。她五十八歲，幾個禮拜之前，她在姪女婚禮現場熱舞，洋裝裡搭配了「若有似無」的那種內褲。她奮力扭跳瑪卡蓮娜，卻造成子宮托移位，直接掉到了舞池地板上面，盡情滾動，最後碰到了伴郎的腳之後才停下來。

「這什麼啦？」他發飆大叫，把它舉在半空中。「吼！是哪個人的嬰兒車掉了輪子？還是哪個小娃娃的固齒器？」這名病患匆匆離開舞池與婚禮現場，她也不知道那東西是否被塞到哪個可憐寶寶的嘴巴裡。我給了她香菇狀子宮托[98]，還對她露出同情微笑。

---

97 環狀子宮托是硬塑膠材質的甜甜圈狀物體，可以伸入陰道，讓妳裡面的器官，嗯，乖乖待在裡面。子宮托的歷史，就與骨盆腔器官脫垂一樣悠遠，可以說自從人類的第一個女人生完小孩後沒幾年就出現了。馬鈴薯曾經是盛行一時的子宮托之選──把它塞進去，一切完美定位。可怕的是，根莖類蔬菜發芽性喜溫暖潮濕的環境，所以當綠色新芽冒出來、碰到內褲褲底的時候，就得立刻修剪。

98 類似臥房房門後頭的睡衣掛鉤。你抓住鉤柄的那一頭就可以塞入或拔出，而寬闊的菇面可以擋住子宮，不會讓它外露成為眾人的焦點。

二〇〇八年七月七日星期一

產科病房有緊急呼叫。產婦的老公玩生產球，摔地，頭骨裂傷。

二〇〇八年七月八日星期二

我們不時會在婦產科聽到有人驚呼「心情如雲霄飛車」這個諺語，不過，我從來沒有看過今天這種飛快的瘋狂翻轉。懷孕初期科的某位住院醫師想請我確定某位八週孕婦已經流產——他是做超音波掃描的菜鳥，希望有其他人可以幫他做最後確認。那種感覺我太清楚不過了，立刻衝過去。他處理得很妥當，這對夫婦已經不抱殷殷期望，而且顯然已經知道狀況不妙——我進去的時候，他們神情哀傷，不發一語。

但他處理失當的是超音波。我覺得他搞不好剛才掃描的是他自己的手背或是Quavers起司洋芋片的外包裝。不只是他檢查的那個寶寶安然無恙，就連他沒發現的另一個寶寶也健康良好，我還從來沒有在這種低壓氣氛下宣布過好消息[99]。

---

99 雙胞胎的自然受孕機率是八十分之一——人工受孕的雙胞胎機率更高，因為通常一次都會植入數個胚胎。三胞胎的機率是八十的平方（六千四百）分之一，三胞胎的機率是八十的立方（五十一萬兩千）分之一。寶寶數目越多，懷孕的各種併發症的機率也幾乎都隨之提高——只要嬰兒的數目多於雙胞胎，基本上就是產科的一場小小災難。不過，我曾經遇過某個產下四胞胎的病患，而且我依稀記得，她最後帶了一堆免費贊助的尿布、衣服、嬰兒食品，外加一輛多功能休旅車，離開了醫院。

二〇〇八年七月十日星期四

我與 H 要在下個禮拜前往模里西斯度假兩個禮拜，慶祝我們在一起五週年。一想到再也聽不到嗶嗶聲就讓我好興奮，少了匆匆忙忙的早餐與道歉簡訊當主角，我希望自己還沒有忘記要如何經營這樣的關係。

身處在美好泡泡裡的問題就是禁不起別人隨便一戳，馬上就破掉了。這次的爆點是一封來自醫務管理處的電郵，他們通知我必須在假期中間的那個週末上班。我沒有同事能夠跟我換班，而且我也不知道該怎麼透過視訊電話接生寶寶，所以我又回頭去找醫務管理處，解釋我的狀況。這時候的感覺就像是得去校長室解釋自己並沒有從福利社偷走甘草糖，但滿嘴牙都是炭黑色汙漬。

我知道有許多同事都被迫縮短蜜月、沒辦法參加家人葬禮，所以要請他們為了我的休假而更換班表幾乎是不可能的任務。醫務管理處不肯安排代班醫師——給我的最佳建議就是早一點返回英國。我想，我要是用簡訊通知 H 這個消息，他一定不肯輕易放過我。

6

研究醫師 —— 第二站

　　我為英國健保系統工作，說出這一點總是讓我深感驕傲 —— 有誰不愛我們的健保系統？（哦，我們的衛生大臣除外）。這與其他的國家資產截然不同，沒有人會以溫柔的語氣討論英格蘭銀行，或者，當你說出要控告卡地夫機場的時候，也不會遭到別人的鄙視。為什麼會有這種現象，其實也不難理解：健保系統的表現令人讚嘆，而我們大家都從中獲益。他們讓你順利誕生在這個世界，將來也會把你裝入屍袋，拉起拉鍊，不過，一定是等到他們窮盡所有得以讓你續命的醫療方法之後，才會走到這一步。從搖籃到墳墓，這就像是我們的公僕貝文（譯註：建立英國健保系統的工黨政治家，時任衛生大臣）在一九四八年所做出的承諾。

　　你在學校運動會摔斷了腿，他們會負責接好；他們也會為你的奶奶做化療；你從希臘卡沃斯帶回來的披衣菌，他們會細心為你治療；他們會為你戴上呼吸器，而這神奇的一切服務都是免費。預約看診不需查看銀行帳戶餘額：健保系統永遠為你

服務[100]。

然而，從另一方面看來，知道自己為健保系統服務，就等於是一種安慰劑，因為這項工作有諸多惱人之處：可怕的工時、官僚體系、人手不足、在我工作的某間醫院還莫名其妙封鎖了所有電腦的谷歌信箱（喂，真是謝謝你們！）。我知道我是某個良善、重要、不可替代的體制裡的一分子，所以我盡忠職守。我並沒有什麼自我要求的高尚工作倫理，自從我離開健保系統之後，就再也沒有那麼認真（問我出版社就知道了）。不過，這是一套特殊的體系，要是沒有員工這樣的付出，後果將會不堪設想。

當我們提到健保系統私有化的時候，我們應該要看一看美國高到破表的醫療帳單作為前車之鑑。政客們也許會佯裝自己傻乎乎，但其實他們才不是這樣的人，我們會在不知不覺的狀況下、被誘入他們的薑餅屋。他們會對我們畫大餅，只要健保系統的一些小地方稍做更動就好，但其實根本沒有撒了麵包屑的小徑能幫助我們穿越森林回到原地。某一天，你眨眨眼，健保系統就此消散無蹤——而要是你那一眨眼就中風的話，那你就慘了。

我是在當研究醫生的時候，才對於英國醫療私有化的想法有了一些改變。我本來是支持，覺得這就像是興辦私校一樣：

---

100 至少，現在還是如此。

某些有錢人為了節稅就弄了一套自己的系統，完全不會造成任何傷害。我一直幻想自己哪天會成為私人主治醫師——也許一週只去診所上一天晚班，要是我覺得該買輛賓士犒賞自己，那就偶爾為病患做一下子宮鏡檢查，或者，如果認為自己的賓士也該需要個司機，那我就一個月動一次剖腹手術。我知道有主治醫師過著這樣的生活，偶爾作這種美夢也不會減損我的從醫初衷。

然後，在我擔任研究醫師的第二年，我開始固定代班。為了繳房貸，我頗為拚命，想要讓收支數字還過得去，靠這種方式也應該算合情合理。由於我的休假時間少得可憐（而且我也不覺得那是可以自行運用的休假），所以我通常會值夾在日班之間的夜班，為了確保自己能夠睡到一兩個小時，我都是在私人醫院或是健保系統醫院的私營部門值夜班，工作負荷量可以大幅減輕。

最近我經常接到朋友們詢問是否應該要去私人院所生小孩，他們跟我不一樣，都是當初選擇了更優質生活的那種人。他們是那種看酒單會從下面開始找、就是一定要喝得更好的那種人；或者，去奇爾特恩度假時也會從度假屋下面開始找、就是一定要住得更好的那種人。他們是明瞭金錢可能無法買到幸福，但是卻絕對能夠為你買到更高檔消費的那種人。

結果，這樣的理論其實並不適用於生寶寶這件事。很遺憾，如果你選擇去私人機構生小孩，得要噴個一萬五千英鎊左

右，而且這也不在你的醫療保險給付範圍之內。當然，你會有比較高檔的醫療環境與食物，要是你要求做剖腹，對方也會一口答應，其實，你的主治醫生可能會主動慫恿你這麼做。除了那一萬五英鎊之外，他們還可以再向你要一筆費用——此外，他們也知道自己絕對不會在參加某場晚宴的時候，突然被緊急呼叫，要幫忙妳把寶寶拉出來。要是你在幾個小時之後出血，而主治醫師已經回家的話，那就是由留院醫師處理一切。如果是我的話，沒問題——我可以處理，那本來就是我的日班職務。但我可以看到輪值表上的其他醫師是哪些人，而且，我有許多同事只是住院醫師職階時就開始經常擔任私人診所代班醫師，某些人菜到不行，而且面對那種情形的時候超慘，找不到足夠的支援。

要是遇到重大危急狀況，已經超過了任何一名醫師的能力範圍呢？萬一需要的是產科醫生、麻醉師、小兒科醫師的團隊呢？甚至還得加上其他專科的醫護？那麼，這時候只能打九九九，把病患送到某間能夠處理這種狀況的健保院所，期盼病患的氣夠長、能夠撐到入院。

如果你想要研究案例，可以上谷歌查詢私人產科診所的名稱，再加上「庭外和解」。我說過了，食物絕對超棒，但是否值得為此一死，端看你的選擇了。

就我個人來說，我根本不願冒險當那種可能必須面對一切出包的醫生，所以這種私人院所的夜班上了幾個月之後，我就

不玩了。但不免有些小小遺憾，因為我早已決定自己的司機該
穿什麼顏色的制服。

二〇〇八年八月九日星期六

圈外的那些朋友總是對於我觀察社會大眾的即時診斷力大感佩服——就像是進階版本的《金牌間諜》。患有早期帕金森氏症的公車女乘客、餐廳裡的某名男子出現了愛滋病治療之後的脂肪失養症、眼睛出現變化的那個人應該是有高膽固醇，我還看得出肝病的特殊手抖症狀以及肺癌的指甲變化。

不過，這種事也需要看時間地點。「陰道毛滴蟲！」我得意洋洋，指著脫衣舞孃陰戶那坨透露病因的綠膿殘留物。就這樣，我應該是毀了一場婚前單身派對。

二〇〇八年八月十一日星期一

道德迷宮。我在某間私人產科代班，助產士呼叫我，某名孕婦正在分娩，但胎兒監視器顯示記錄狀況異常。我向病人解釋，我得要趕緊幫她把寶寶弄出來，因為寶寶的心跳速度正在快速下降。我告訴她，現在沒時間等她的主治醫師過來，但基本上這就是我的日常工作，絕對不會有任何問題，她也諒解我必須進行這樣的緊急處置。

我離開產房，打電話給她的主治醫師多洛霍夫先生，這是治療其他醫生的私人病患的傳統禮貌。但他回應的態度不是很有禮貌。他說他一分鐘之內就可以立刻趕到：無論在任何狀

況下，我都不能為「他的」病人接生。我回到產房，準備他到來時所需要的一切——產鉗、分娩設備與縫合工具。然後，我覺得這真是太荒謬了，因為寶寶狀況顯然很不好。要是我不動手的話，隨著時間一分一秒流逝，寶寶的狀況也會更加惡化。萬一他說的只有一分鐘是每個計程車司機老愛掛在嘴邊的那種「只有一分鐘」呢？萬一因為我不介入而造成分娩危險，那麼我的醫學總會執照就毀了，要是寶寶健康受損，更是大事不妙。如果這位多洛霍夫先生想要投訴我，那麼最壞的狀況也不過就是我被一家我不想繼續待下去的醫院炒魷魚而已。

我接生了這個寶寶——過了一會兒之後才開始呼吸，但隨後立刻元氣飽滿，而且根據臍帶血氣分析[101]的結果，證明我是對的，不該繼續等下去。我幫她娩出胎盤，縫合傷口，在清理病患時，開口說道：「亞當這名字不錯。」不過，她已經開始叫寶寶巴克萊（譯註：與某間英國銀行同名）了，想也知道。現在還是看不到主治醫師，我順利走出了道德迷宮。

等到我換上全新手術衣的時候，多洛霍夫先生才姍姍來遲。不過我得稱讚他一下，某名助產士告訴他臍帶血氣分析的數據之後，他對我拚命道歉，但要是他能夠給我一大筆錢，我反而會比較開心，因為他可以靠著我剛才的緊急處置、向病人

---

101 寶寶出生、交給小兒科醫生之後，我們會從連接胎盤的那一小段臍帶採取血液樣本。他們拿到產科病房的某個機器進行檢驗，可以證明當初接生寶寶的確迫在眉睫。

索取數千英鎊的費用。不過，我也早就告訴你事情就是這樣嘍。

二〇〇八年九月五日星期五

「你們在那裡有房子嗎？」我早上與洛克哈特先生一起看產前門診，當我聽到他問了這句話的時候，我愣了一下——我們最近一直在聊度假的事，我好不容易才訂了票，準備與H一起去法國。

「有……我的意思是，我們已經訂了機票，還——」

「不是！我說的是房子！你們在那裡是不是買了個什麼小房子？」

他對於研究醫師生活的想像，真的是何不食肉糜。雖然我與H一共有兩份薪水，但支付小公寓的房貸卻很吃力，想要在法國買個度假小窩，簡直就像是要買頭賽馬，或是在死星太空站上訂一間度假屋一樣。不過，話說回來，主治醫師擁有這樣的生活也是稀鬆平常——這是出現在研究醫師隧道底端、令人心生嚮往的明光。

他向我道歉，今天必須要早一點離開診間——其實，他的下班時間早就到了。一共有五十二個門診病人，而現在我是這裡唯一的醫生。隧道的另一頭也許有光，但這條隧道將近有一百四十公里長，塞滿了密黏的排泄物，我必須拚命吃屎才能殺

出生路。

二〇〇八年九月十一日星期四

歷經了一場飽受摧殘的夜班之後，我發現有人在我的文件格放了東西，不是那種挑剔我停車或是使用乾洗手問題的字條，我差點哭了出來，原來那是某位患者寫給我的可愛卡片。我對她的印象還很清楚，幾個禮拜前她自然產，我縫合了她的撕裂傷。

> 親愛的亞當：
>
> 　只是想要向你致謝。你真是醫術高明——我的家醫檢查了我的縫針，稱讚簡直是看不出我生過小孩，當然更看不出曾經有過三度撕裂傷！我十分感恩，再次謝謝你。

這張卡片的所有細節都無微不至，是那種會讓你覺得不枉自己當醫生的紀念品。

她甚至還親手做卡片——美麗的純白色雲紋紙，封面是她寶寶的金色腳印。不過，話說回來，我覺得她也沒多少選擇——想必 Paperchase 文具店裡面也不太會有「感謝您拯救了我的肛門！」這種卡片。

二〇〇八年九月十六日星期二

在產科病房進行檢傷的時候，有個女人大發雷霆，因為有三、四個比她晚來的病人都比她先接受診治。「這位女士，要是我得進醫院的話，」某位助產士語氣平和，對她說出這樣的話。「我希望自己能夠是最後一個看診的病人，因為這表示我前面每一個人的狀況都比我嚴重。」

二〇〇八年九月十八日星期四

晚上八點，我的手機響了，不知道是我自己忘了值晚班，還是其他人忘了上班？現在必須收回我身上那條隱形的高空彈跳繩、把我拉回病房。幸好，只是我的朋友李打來的電話，不過，他似乎憂心忡忡。李可說是我最冷靜自持、完全不可能慌張行事的朋友，看來就算說現在事態告急，也只是含蓄的說詞罷了。他是刑事律師，我經常聽到他與警察、法官嘻嘻哈哈講電話。「所以被硫酸毀屍的部分是整具屍體？還是只有頭顱？」或者是「我們現在講的大屠殺到底是什麼等級？」他問我是否有空可以去他家一趟，因為他的朋友泰瑞弄傷了自己，李覺得送他去醫院比較好，但還是想要徵詢一下我的意見。他家不是很遠，我手邊也沒有急事，所以就立刻衝過去了。

泰瑞的確弄傷了自己。從最微不足道的小動作，最後居然

引發嚴重至極的後果——這就是「蝴蝶效應」的完整範例。當他打開某一不起眼的豆類罐頭的時候不慎割傷大拇指，切開了某條小動脈，鮮血正在不斷澆灌地板，而他大拇指指尖的大裂口就像是科米蛙的嘴巴，甚至深可見骨。我很樂意提供自己的專業評估，前往醫院不是建議，而是必要緊急的措施。我想這世界上會和我唱反調的人並不多。很遺憾，泰瑞就是其中之一。

李把我帶入廚房講話。要說服泰瑞進醫院沒那麼容易——他酗酒酗得很兇，擔心他們只要一驗血就會發現他肝臟受損，接下來就得進行一堆沒完沒了的檢查，引發他完全不想沾邊的災難。難怪他出血這麼嚴重，看來「血濃於水」這種說法完全無法套用在他身上[102]。

我還是花了一點時間與泰瑞溝通。我強調醫生們掛心的是他那根快要斷掉的半截大拇指，根本不會去挖其他的事，但顯然這樣吵下去我也不會是贏家。我說至少讓我打電話叫救護車，讓急救人員可以過來評估傷勢，但他連這種折衷方案也不要。我又回去找李討論備案，而泰瑞在這時候已經又毀了兩條茶巾。我們很快就生出了備案，我是醫生，李是律師，我們兩個可以依據「精神健康法」將他強制送醫，因為他可能會自我

---

102 肝臟有許多令人不解的功能，其中之一就是製造大量的凝血因子，也就是說，肝衰竭會引發凝血機能不全的問題。

傷害。而李顯然是比我更了解「精神健康法」，他直接點出我們絕對無權決定將病人強制送醫，而且泰瑞也不符合精神病患的條件，因為他有完全的自主能力[103]決定不進醫院。

李還有另一個備案，他拿出了一個小藥箱。一年前，他去烏干達度假（到底誰會幹這種事？），而專家們對於這些英勇旅者的行前叮嚀之一，就是要在出發之前購買這種藥箱，而且旅行時絕對不能離身。萬一在旅遊途中住院，當地醫護可以使用你的醫療器材，而不是他們自己的配備，如此一來，某些醫院稍嫌過於放任的感染控管態度就無法對你造成傷害，也不會害你帶愛滋病毒回家。

李像是賊頭賊腦的小攤販一樣、打開了藥箱，讓我看到裡面的東西，然後又詢問我這些設備是否足以縫合泰瑞的傷口？想必當初他花了大錢買了這個超奢華藥箱──就算是取出肺臟搞不好也沒問題。我驚嘆了一下，接下來的動作儼然像是想在一堆吉百利巧克力裡面挑出漩渦狀榛果口味的大嬸，我拿出縫合的材料、剪刀、持針器、棉花棒、消毒溶液──唯一欠缺的就是局部麻醉劑。李開玩笑，給泰瑞含住木匙就可以了。

然後呢，就這樣，五分鐘之後，我待在餐桌旁，為擺明豁出去的泰瑞動縫合手術。我清理傷口，然後下了又深又粗的幾

---

103 要是病患能夠了解他人所提供的資訊、記得資訊內容、評估其優缺點，那麼就等於有自主能力做出決定，即便最後做出了瘋狂選擇也一樣。

針、企圖先止住動脈失血，確定不再噴出之後，立刻開始以層疊方式縫合大拇指。泰瑞立刻就受不了那股劇烈疼痛——我們拚命想要壓低他的尖叫聲（要是鄰居跑來關心到底出了什麼事，我們恐怕得想出解釋的理由），所以李把木匙交給他，效果超好。

我迅速縫合表層，成果頗美觀，自己相當滿意。我不知道自己如果告訴泰瑞要如何照護傷口與拆除縫線之後，他到底能夠聽進去多少，但在他顫抖道謝、立刻開喝、發誓再也不要吃豆子的時候，我還是說了。我偷偷問李，今晚這種事件會牽涉到哪些醫療法律問題？他哈哈大笑，三言兩語就岔開話題，把我送上計程車，還給了我一瓶高檔的蘭姆酒（八成是泰瑞的）。

在回家的路上，我驚覺自己剛才的治療過程有點像是密醫，泰瑞應該要吃個幾天的抗生素才是。我打電話給李，叮嚀他一定要在早上把泰瑞送去家醫那裡，我為自己無法開私人處方道歉，因為醫學總會規定不能為親友開藥。我已經聽到李在電話另一頭翻白眼翻到滾出來的聲響。「你根本不需要為這種事傷腦筋吧。」

二〇〇八年十月十六日星期四

我把異常忙碌的產科病房交給了某位代班醫師。我們一整

天都在搏命工作，想必今晚也並不平靜。有好幾位準媽媽似乎
準備要剖腹了，還有好幾個應該是需要器械輔助生產，此外，
還得加上繁忙的檢傷以及急診室轉來、多如疊疊樂的病人。我
向他深深致歉——當你是代班醫生、不清楚某間醫院的各種狀
況的時候，扛下忙碌夜班的困難程度更是加倍。我可以感受到
他雙眼後方有各種不安，但他不發一語。

　　我發現我的語氣有點太嚇人了，所以又稍微收斂了一點。
「五號房應該有機會自然產，我覺得現在急診室也沒有超緊急
狀況，所以……」但這一招似乎沒效——他依然面色恐懼。他
用破爛英文問我，他是否得執刀做剖腹產手術？我原本以為他
問的是陪值的那位住院醫生是否能夠動手術，我解釋她還很
嫩。但，不是這樣，他問的是今晚他需要為病患動剖腹手術
嗎——他以前從來沒有碰過這東西。

　　我的腦海中開始找藉口，想必這一定是什麼笑死人的一場
誤會吧。也許他應該是要幫某名神經內科醫師代班，但只是走
錯了病房，而我們真正的代班醫師——具有我們真正需要的醫
術的那個人——正慢慢走進來，抱怨院內某個令人混淆不清的
指示路標。沒有，這傢伙從代班介紹所接下了產科研究醫師的
代班工作，但無論是那裡的仲介或是這間醫院的人員，都懶得
問一下他到底有沒有在產房工作過。

　　我讓他回家，打電話給主治醫師接下來該怎麼辦，其實我
心中早就知道了答案，就是讓我繼續無薪加班十二個小時。

二〇〇八年十月二十日星期一

　　病患HT完全沒有問題，至少生理狀態是如此。驗血結果一切正常，拭子採樣陰道分泌物一切正常，子宮鏡檢查與腹腔鏡檢查也正常。她宣稱自己的骨盆疼痛，但我們找不出婦科（或其他的合理）病因，我們已經嘗試了各式各樣的治療方法，而她的疼痛卻沒有得到任何緩解。

　　她依然堅持這是婦科問題，「我當然很清楚自己的身體！」她甚至還知道自己該接受什麼樣的治療方式──叫我們摘除她所有的骨盆腔器官。我與好幾名同事以及主管花了冗長的時間向她解釋，這種方式完全無助改善她的症狀──而且，這也將是一場會帶來不小風險的大手術，可能會引發沾黏[104]，造成更嚴重的骨盆疼痛。她一直堅持己見，這是唯一的解方。「聽我的話照辦就是了！」除了清光自己體內的臟器之外，她完全不考慮其他選擇，也許是家裡的儲藏空間不夠了，純粹想要騰出其他地方。

　　結果，最後是我得想辦法把她踢出門診、轉送到疼痛治療中心，他們一定會給她開抗憂鬱藥物。然而過程很不順利，我遭受到各種辱罵，包括了「我這一生都乖乖納稅！」到「你

---

104 沾黏是因為先前的手術或某種感染所造成的條束狀內部疤痕組織。除了引發病患疼痛之外，也會讓以後動手術更加困難，因為所有器官都黏住了。各位也知道，如果不是由強迫症的人負責烤肉，那麼牛排與香腸也難保一定能排得整整齊齊吧。

還有臉自稱是醫生？」而且，她還準備要向一堆人告發我們，包括了醫院的主管到她的選區議員。我告訴她，我能夠體會她的挫折感，但我們能做的都做了。她說她要找另外一名醫生諮詢，我告訴她，我們這一科的醫生，她也已經看了好幾個了，大家的診斷結論都一模一樣。

「給我排出手術時間，不然我絕對不離開這裡！」她雙手交疊放在大腿上面，顯然是吃了秤砣鐵了心。我沒有時間和她繼續惡耗下去，所以我決定幫她排幾個禮拜後的門診——這輛公車我剛剛逃了票，趕緊推另一名同事上車吧。想必她有這個能耐與決心，繼續耗費我們一年左右的門診醫療資源。

就在我準備要給她下次門診時間之前，她開始尖叫：「為什麼大家都不把我當一回事？」然後，她拿起了尖銳廢棄物的垃圾桶[105]、朝我的頭丟過來。我大叫閃躲，緊夾屁股，洞眼直徑縮小為一毫米。垃圾桶撞到了我辦公桌上頭的牆壁，我身邊出現一堆如雨落而下的有毒針頭。我也不知道自己怎麼這麼厲害，就像是不斷逃過威利狼追殺的嗶嗶鳥，避開了十二次愛滋病毒殘餘物的攻擊。某名護士衝進來，看到現場一片狼藉，打了電話叫警衛，所以那名病患終於被帶離門診室。好，下一位！

---

105 每一間辦公室都有一般垃圾、紙張、塑膠等不同類別的獨立垃圾桶，大家通常還是亂丟一通。而在醫療院所，我們也有尖銳廢棄物垃圾桶——超硬塑膠材質的糖果桶，可以讓我們丟入用過的針頭、刀片、採血針之類的物品。

二〇〇八年十一月六日星期四

　　我的筆不見了。或者，精確的說法是，有人偷走了我的筆；或者，更加精確一點的說法是，五號產科病房的那三人當中的其中一個：病患 AG、她的男友，或是她的母親。要不是因為那是 H 送我的生日禮物，又正好是萬寶龍，而且我還剛為他們接生了寶寶，不然我也不會那麼在意。

　　分娩過程沒有什麼嚴重狀況，但在我與他們相處的那段過程中，他們一直很囂張，一直鬼吼鬼叫，再加上他們身上數目可觀的刺青——寶寶身上很乾淨，目前啦——讓我不是很想出面指控他們是小偷。

　　我覺得自己算是幸運，多年來沒有遇過什麼竊盜事件。同事們各種狀況都遇過了，手術衣口袋的東西被幹走，放在護理站的包包也被扒，置物櫃硬是被人撬開，更甭提停在醫院停車場的車子輪胎會遭人劃破，甚至是偶爾發生的肢體攻擊事件。

　　我向洛克哈特先生抱怨此事，就算讓他去剪病人的腳趾甲我都不是很放心，但他總是可以給我一些中肯建議，還會分享趣聞軼事。他的忠告是：忘了此事，別放在心上，這名病患具有辨識好筆的眼光，也該給個讚。然後，他講出了那個好笑的故事。

　　洛克哈特先生在轉任婦產科之前，曾在七〇年代的時候，於倫敦南部當過短暫的家醫。為了慶賀自己拿到終生職，他為

自己買了輛淺藍色的MGB敞篷車。那輛車是他的驕傲，也是他快樂的泉源，他總是會在病人、朋友、同事面前提到那輛車，每個週末都會為車子上蠟，只差沒在桌上擺張車子的美照了。然後，某一天，一切就這麼結束了，就像是所有的單戀故事一樣，他結束看診，發現停在診療室停車場的那輛淺藍色MGB敞篷車不見了，立刻崩潰。他趕緊報警，他們也努力辦案，但最後還是沒找到。從此之後，洛克哈特與病患、朋友、同事的話題就只有一個主題，世界居然崩壞至此——怎麼會有人偷走他的美麗座車？

　　某天，他向某名病患訴苦，原來對方居然是當地幫派家族的長老級人物，然後，因為黑道分子似乎很重視某一套詭異的道德規範，所以這名病患對此事是深惡痛絕。到底是什麼樣的混混會偷走醫生的車？真叫人無法接受。這位病人很有信心，一定會找到竊賊，對他們曉以大義、把車子還回來，而洛克哈特先生當然是直呼不用了——就像是有人要免費招待你去塞席爾群島度假的時候，你會客氣說出的那種「不用了」，換言之，就是「當然好啊」。

　　過了一個禮拜之後，洛克哈特先生上班的時候，發現停車場出現一輛淺藍色的MGB敞篷車，鑰匙就放在儀表板上頭。他原本是樂不可支，但心情立刻變得五味雜陳，因為他發現車牌號碼與內裝跟他的原車完全不一樣。

二〇〇八年十一月十五日星期六

我收到瑪丘女士的電郵，她深表遺憾，必須退還我法文會話課剩餘課程的費用，因為我缺了太多課，就算現在回去也沒用了。我與瑪丘女士之間的電郵往來通常都是全部法文，讓我們可以完全沉浸在法語環境之中。而這是我第一次接到她的英文信，顯然她已經不確定我是否明瞭法文信件的內容，這真是在傷口撒鹽啊（可這整句話我也只記得法文的鹽巴怎麼講而已）。

二〇〇八年十一月十七日星期一

根據迷信的規矩，絕對不能說值班時很「平靜」，就像是不能對演員說出「祝你好運」或是在麥克・泰森面前講「幹拎娘」。要是對某個醫生說出了那個Q開頭的字，幾乎就是等於向對方施咒，將全世界病況最嚴重的病患全部召喚過來。我到某間私人產科診所值夜班，研究醫師告訴我，這將是「非常平靜的夜晚」。我正打算拿水灑她、對她不斷狂吼「主的力量要逼你離開」（譯註：電影《大法師》的神父驅魔橋段）的時候，她告訴我今晚有某個波灣國家的高階皇族剛在產科病房生下寶寶，難怪到處都是奧斯卡頒獎典禮等級的維安人員，而且外頭還停放了多輛麂皮法拉利。

對我來說，二十一歲生日的時候，在連鎖酒吧 All Bar One 包了三桌，已經算是「有點虛華」。但我們的貴客居然把整間產科診所包了下來，所以根本不會有其他病患入院，而且，為了以防萬一，他們的主治醫師也會在這裡過夜。所以說這個夜班很平靜，也算是有幾分道理。

二〇〇八年十一月十八日星期二

今天晚上，隆恩打電話給我，想要聽取我的專業建議。他父親最近狂掉體重，胸部中央不適，而且吞嚥越來越困難。今天早上，他去了當地診所，家醫認為他臉色有些發黃，安排他這禮拜去看腸胃科。隆恩想知道我的看法是什麼？

假如我是在測驗卷看到這一題，我會說這是已出現移轉的食道癌，存活率是零；如果是病人問我，我會說令人十分擔憂，我們要立刻檢查，盡快排除癌症的可能性。但萬一詢問我的對象是我的好友呢？我告訴他，他的家醫的一切處置都很正確（這是事實），可能其實沒事（當然不是事實——這狀況非常嚴重，不可能會有其他的結局版本了）。我多麼渴望這只是虛驚一場——這是為了隆恩，也是為了他爸爸，我早從十一歲就認識他了——所以我撒了謊。你絕對不會對自己的父母撒謊，給予他們錯誤的期待，但我卻向自己的好友做出這種事，告訴他一切不會有問題。

醫學總會一直對我們三令五申，不要為親友看病，但我才不管那麼多，我是他們隨時待命的私人醫療顧問。因為我從事這一行，老是讓我覺得自己從許多方面看來、根本就是個廢物朋友，為了要證明自己在他們的聖誕賀卡名單上頭還有留存的價值，我覺得自己應該要提供一些貢獻。然而，這種情結正是前人告誡我們千萬不能這麼做的根本原因。

二〇〇八年十一月二十日星期四

　　沒有其他工作像我們一樣，必須穿著公用鞋工作，而且規矩是「誰先到、誰先拿」。這就像是身處於某間保齡球館，所有人的專用球鞋總是被羊水、鮮血、胎盤組織噴得亂七八糟，而大家都超懶，沒有人會在打完球之後清理鞋子。

　　如果你想要自備個人專屬的真皮木鞋，價格約在八十英鎊上下，所以先前就只有主治醫師才買得起，他們四處走動，就像是腳底裝了兩片巨大的普拿疼一樣。不過現在有一種全新的鞋款，名叫卡駱馳——有各種明亮顏色，功能一模一樣，而且花費還不到二十英鎊。額外的好處是鞋面的洞洞，所以你可以利用掛鎖把它們扣在一起，不會有哪個討厭鬼想要幹走你的鞋，也不怕染上別人的疣。

　　今天更衣室出現了一張通知：「醫護人員絕對不可以穿著卡駱馳，因為萬一有尖銳物品掉落，鞋面上的那些洞將無法提

供充分保護。」某個不爽的造型師還在底下加了這段話：「而且這種鞋會讓你像個噁男。」[106]

二○○八年十一月二十二日星期六

被急診室叫去檢查某個十九歲的女孩，陰道大量出血——又來了，一模一樣的情節。在我面前的是一個拿廚房剪刀、自己動手做縮陰唇整容手術的十九歲女孩，她勇敢修剪了自己四分之三的左陰唇，接下來兩個選擇，就此放下不管，或是放下剪刀、拿起電話叫救護車，她選的是後者。她的下面血肉模糊，而且大量出血。我請問過我的資深研究醫師了，要是我切除那坨搖搖欲墜的爛肉、密實縫合流血的傷口邊緣，是否算是不小心動了女性生殖器切除手術而必須坐牢？沒事，所以我趕緊處理傷口，老實說，與我見過的諸多陰唇整形科的成果相比，她的表現也不算太糟糕。

我幫她排了幾週後的婦科門診時間，現在緊急狀況已經解除，我們還聊了一會兒。她告訴我，她「覺得那裡不會流血」，聽到這種話，我實在無言以對，然後，她還說：「我只是想要讓那裡看起來跟一般人一樣。」我向她保證，她的陰唇

---

106 上次出現「小心！本單位有竊賊猖獗（operating）！」這警告標誌的時候，有人玩雙關語，把它改成了「小心！本單位有醫生在動手術！」，我猜應該是同一個人在搞笑。

絕對沒有任何問題，真的十分正常。她回我：「但是跟Ａ片裡的不一樣。」

　　媒體對於Ａ片的惡性效應與時尚雜誌形塑身體典範早已有諸多批評，但這是我第一次親眼見到──可怖又傷感。我們會在多久之後看到為求緊實效果、拿釘書機摧殘自己陰道的女孩？[107]

二〇〇八年十二月十日星期三

　　醫院在這禮拜要求大家練習記錄工作日誌[108]，我猜，一般工作的管理階層要求員工這麼做，是因為要預防他們偷懶，真正的工時未達合約要求。

　　先前從來不曾在病房看到蹤影的主治醫師，如今都在這裡為病人寫出院病歷摘要，在產科病房做幾個小時的檢傷，也會看急診室病人──就是要拚命增加初級醫師能夠準時下班的機會。當然，等到這場存在只有十億分之一秒的工作日誌記錄練習結束之後，一切就沒了，不過我現在卻很享受，最近這連續

---

107 答案揭曉，結果呢，是一年之後。某位同事的病患因為男友不斷施壓，所以只好使用超級強力膠黏合自己的陰道口。

108 在這段練習記錄工作日誌的日子當中，每一個醫生都必須寫下自己的確切工時。不過，由於醫院沒辦法（或者是不情願）支付我們真正的工時薪資，所以這段過程就毫無意義可言。要不就是靠我們在工作日誌裡造假，不然就得暫時派出數十名主治醫師到病房工作，減輕初級醫生的負擔。

三個班，我都可以準時離開醫院，逼得 H 找我坐下來詳談，問我是不是被炒魷魚了。

為了要確保準確的幻象，醫院管理階層派出了行政人員，隨機全程跟陪醫生，抽查工時。我某天值夜班的時候，還真的遇到了——或者不該說全程，但至少對方撐到了晚上十點半，她完全沒在開玩笑，嚷嚷自己累壞了，得要回家。

二〇〇八年十二月二十九日星期一

產科門診有名病患，她的家醫最近讓她使用荷爾蒙替代療法貼布，但出現了陰道出血。我問她接受荷爾蒙替代療法有多久了？她撩起上衣，計算貼布數量「六……七……八個禮拜。」她的家醫科醫生居然沒有告訴她得撕去用過的貼布。

二〇〇九年一月十日星期六

佩爾西與瑪瑞耶塔在今天成婚，這場婚禮能夠順利舉行真是太不可思議了。不只是一個，而是兩個醫生能夠在他們的大日子休假，而且是一整天的假，不像我的前同事愛蜜莉亞，她好不容易才在結婚那天擠出下午的空檔，為了要能及時出席婚禮，最後只好頂著新娘妝與做好的頭髮在早上看診。

他們能夠在一起這麼久，撐到步入結婚禮堂，這才是最大的奇蹟。佩爾西與瑪瑞耶塔實習時被分割到不同的教務局，也就是說，在那五年當中，兩人就算有幸能夠調到距離最相近的兩間醫院，依然相隔了兩百三十多公里之遠。他們不想找折衷的同居地點，這樣一來反而造成雙方不便。最後佩爾西搬出去，窩在可怕的醫院宿舍，只能在班表允許的狀況下回去一趟，通常很難有這個機會。

伴郎魯佛斯現職是外科實習醫師，他在致詞時將新人的交往背景比喻為另一半是在國際太空站工作。這場致詞非常精采，而最顯諷刺的就是魯佛斯必須在前菜與主菜之間的空檔趕緊發表演說，因為他狼吞虎嚥吃完嫩煎雞肝之後，旋即匆匆離開現場、趕回去值夜班了。

二〇〇九年一月十二日星期一

我在產科病房為某位病人做檢傷，我必須再做一次內診，因為助產士不敢確定自己的判斷結果。她認為是頭位產，子宮頸開了一公分，而我的檢查結果是臀位產，子宮頸開了六公分。我向這位準媽媽解釋，由於寶寶屁股朝下，所以最安全的方式就是剖腹產，但我並沒有告訴她剛才助產士指探之後，發覺開了一公分的地方到底是哪裡。

二〇〇九年一月二十二日星期四

今天晚上，我的值班呼叫器不小心掉入了汙物碾碎處理機，嘎吱一聲，掛了。這是一種類似尿急而尿在牛仔褲裡面的感覺——鬆了一大口氣的那種美好溫暖的悸動，但我幾乎是立刻發出哀嘆：「啊幹！接下來該怎麼辦？！」

二〇〇九年一月二十九日星期四

我在動剖腹手術，正準備要切開子宮，但「紅心」調頻電台播放的這首歌，忍不住讓我等了一分鐘之後才下刀。雖然「切割大隊」這個團名可能很適合外科醫生，但我拒絕在聽到「我今晚死在你的臂彎裡」這種副歌的時候接生寶寶。

二〇〇九年一月三十日星期五

陰道鏡[109]門診的二十五歲病患DT，做了她有生以來的第一次抹片檢查。

現在，她得做第二次，因為她擁有完全雙子宮——兩個陰

---

109 抹片檢查——檢查子宮頸是否有癌症前期的病變細胞，陰道鏡是一種更為仔細的抹片檢查方式。

道、兩個子宮頸，還有兩個子宮。我從來沒有遇過這樣的案例。所以還花了一兩分鐘的時間在想該怎麼標註抹片標本的標籤與填寫表格，因為我們健保系統的子宮頸篩檢計畫顯然是沒有為這種罕見狀況預做準備。

她進入青春期之後，從來沒有看過婦產科，所以問了我許多問題。我老實承認沒有遇過像她這樣的案例，但我會竭盡所能回答一切。她最擔心的是將來懷孕的問題[110]。我問她是否可以讓我也請教一些問題，這可能不太妥切，但我們聊天氣氛很愉快，而且我應該是再也沒機會遇到她這樣的案例了。

以下就是我所知道的內容。她本來的習慣是會在上床前告訴性伴侶，但對方通常都是立刻嚇跑，所以她現在是絕口不提。反正，他們也不會發覺有異，這一點倒是沒什麼好驚訝的——大多數男人對於女性生殖解剖學的知識，充其量也只是一知半解而已。除了「找陰蒂」的老套之外，許多人似乎不知道女孩子有另外一個尿尿的洞——他們以為女體只有一個偉大的多功能通道。我在準媽媽分娩時插導尿管的時候，已經不止一次被她們的伴侶問過這樣的問題，寶寶會不會因此出不來？

這名病患還告訴我，她從事性行為時偏好左邊的陰道，因為比較大（我在檢查的時候也注意到了——右側需要比較小的

110 她應該是可以懷孕，但晚期流產、早產、胎兒生產受限，以及臀位產的機率大增，而且很可能必須要接受剖腹產。

擴張器），不過她說多一個選擇也好，可以適應「男方的各種尺寸」。我建議她要是忘了哪邊鬆哪邊緊，「向右旋緊，向左鬆開」的轉螺絲口訣也正好適用——不過，她應該是很難會忘記自己的鬆緊之別。

下班之後，我把這故事告訴了H，他的反應是：「所以那就像是學校裡的那種雙孔金屬削鉛筆機嘍？」

二〇〇九年二月三日星期二

這是我們在此工作的最後一天，明天就要換到新的單位。在此目睹生命的起點與終點，待在這裡的時間比自己的家還要久，見到病房書記的次數比自己的伴侶還多，最後要在近乎無人理會的狀況下離去，告別這樣的工作，總是令人五味雜陳——但現在的我已經沒那麼多愁善感。每年輪調的初級醫生數量超級龐大，我也能夠理解為什麼不會有大張旗鼓的送往迎來。正如同某個超惡毒護士長曾經對我們咬牙切齒說道：「這是我永遠的地盤，你只是短暫的訪客。」

我從來沒有收過珍重再見卡，更別說禮物了。不過，我今天卻在自己的文件格裡發現了一個小包裹。是洛克哈特先生送給我的禮物，除了表達道謝與道別的卡片之外，還有一支全新的萬寶龍。

7
研究醫師——第三站

終於到了要決定當哪一種醫生的關鍵時刻。不是要選擇泌尿科或神經科的技術面問題，而是更為重要的看診風格。在實習的過程中，你會慢慢培養出自己的風格，但還要再過個幾年的時間，面對病人的態度才會定調，最後，就是以這種方式繼續當主治醫師。你是笑容可掬、充滿魅力的正能量類型？還是寡言、深思熟慮、講究科學的那一種？我覺得這就像是警察抉擇要當好警或是惡警（或是搞種族歧視的警察）一樣。

我決定採取「單刀直入」態度——不鬼扯、不閒聊，我們馬上處理眼前的問題，最後再加上一點冷面笑匠風格。其實，這麼做有兩個原因。我的個性本來就是如此，所以不需要過多矯飾，而且，要是你不會與每個病人都花個五分鐘閒扯天氣、工作、旅行啊什麼的，靠，一天可以省下超多時間。這樣的確會造成某種生疏感，但我覺得這也不壞，因為我真的不希望病人把我加入他們的臉書，或者就連他們家樓下廁所該刷什麼顏色也要問我。

根據我們的傳統訓練，病患希望醫生會問開放性問題（「把你的擔憂都告訴我……」），然後給予他們多樣化的治療選擇，從保守方法到藥物治療，甚至是手術，讓病患可以自己作主。聽到「選擇」這樣的詞彙，理論上滿不錯的——每一個人都想要成為自己命運的主宰——但你有沒有遇過提供了許多種主食、造成大排長龍的學校餐廳？大家猶豫不決，三心二意，還要找朋友討論確認。黑線鱈好吃嗎？牧羊人派怎麼樣？不知道該吃什麼好欸。就在這個時候，你的薯條也慢慢涼了。有時候，最佳方案其實可以直接切入重點，斷絕一切躊躇猶疑的空間。

在產科病房更是如此，我發現鼓吹單一診治計畫的醫生能夠讓病患得到信心——病人把自己與寶寶的生命交付到你的手中，你需要讓她們保持冷靜，而且全心全意信任你。看門診時亦然，我挽救過無數未及時治療的病患，我的方式並非開出幾乎是完全派不上用場、只能拿來說嘴給病人充分選擇機會的一堆方法，反而只是提供我的專業意見，病患的選擇是接納或不接納。要是我自己就醫的話，我希望我的醫生是這種態度，就算我是去修車，也是希望如此。

但這種單刀直入法會讓你看起來像是個沒那麼「好」的醫生，這一點無可諱言。

得到病人的信任，遠比得到病人的喜愛更加重要，但要是能兩全其美也很棒，所以在我自己擔任研究醫師的第三站——

如今是在某間大型教學醫院工作——我決定要讓自己的看診風格更加和藹可親。我必須承認，這並不是純然自發性的行為，是因為有病人告我。與我的臨床能力有關，而不是我的態度，但我真的是嚇壞了，驚覺自己必須要竭盡一切努力、絕對不能再讓病人告我，就算是得要像髮廊一樣和客人閒聊，露出與麻吉以手肘打招呼時的燦笑，反正我全力演出就是了。

我兩年前工作的醫院突然寄了一封通知函到我家，通知我以前開刀的某名病人要告我醫療疏失。但我並沒有任何疏失——施行剖腹產的時候，膀胱受傷的比率約兩百分之一，而她早在簽署手術同意書的時候就已經知道了這一點。

我是很想要告訴她，我讓妳膀胱受傷的機率根本不到兩百分之一，因為我只出過這麼一次差錯，而我執行剖腹產的次數根本遠超過兩百次。意外發生的時候，我十分懊惱，但我知道後續治療沒有問題——當下我就立刻發現了，泌尿科醫師立刻過來處理，想必病患心情很低落，但最後也只是讓她晚了幾天出院而已。

我也一直覺得我事後對她的態度良好：充滿歉意、誠實以對，而且態度謙和，在這種狀況下，這是我的真心真意，完全不需要任何矯飾，事先警告病患可能會造成的併發症居然真的發生了，這也是我們萬萬不願見到的事。最重要的是，絕對不能造成傷害，這是我們從醫的第一守則，不過，總是會有差錯，而這次就正好發生在她身上。

雞掰先生、很雞掰先生、超級雞掰先生——專門追逐救護車慫恿病患興訟、標榜「沒打贏就不收費」的那種律師——卻抱持了不同的觀點。根據他們的專家意見，看來似乎是從某本名為《法律：只要朝他們發動攻擊、看看誰會迎頭反擊》這本書所琢磨出的心得，認定我失職，辜負了病患的信任，我執刀的表現遠遠不及病患合理期待的標準，我害這位原告痛苦大增，而且我耽誤了她與新生寶寶建立親密關係的機會。

　　很不幸的是，我沒有辦法反控對方害我浪費了無謂的時間找尋過往的病歷紀錄、與律師和醫療人員法律權益工會一起開會，或是侵害了我與伴侶寶貴又稀少的共處時間，還有熬夜多日撰寫報告之後、值夜班時為了提神的紅牛飲料費用。或者，我所受到的煎熬——原本就充滿壓力的工作日常，又累積了焦慮與罪惡感，被指控工作不力的不平感，擔憂自己也許真的很糟糕。我對於自己的每一名病患都一直是全力以赴，要是有人出現異議，那感覺宛若心如刀割。

　　那名病患很可能不知道這段過程對我來說有多麼悲傷、心力交瘁——想必她的律師一定是摸著鬍子、裝出最關切的神情，告訴她要是最後對方得賠一大筆錢[111]，當然值得一賭——

---

111 遇到這種狀況的時候，最後掏錢出來的絕對不會是醫生。負責買單的是醫院，或者，如果被告是家醫，那就是由某個醫療人員法律權益組織支付。如果被判定為重大疏失，也有可能構成刑事案件——而且適用對象不只是醫生而已。在二〇一六年，某名博姿藥妝店的驗光師沒注意到某名孩童的致命症狀，因而遭到法官以謀殺罪判刑。要是有病患向醫學總會投訴，其效力等同於所有的法律訴訟案，執照可能不保，無法行醫。

他沒說錯，醫院決定庭外和解，因為這是他們一貫的因應之道。醫療訴訟越來越多，可能正是我們的醫療服務逐步美國化的現象之一。不然，也可能是因為這名病患是那種個性無趣的人，只要被她遇到的人，就會有一半被她告上法院：不會道早安問好的公車司機、忘記在餐盤裡放薯條的服務生、把這件事寫出來的我，又可以讓她告一次。無論背後究竟隱藏了什麼原因，都讓我陷入了擔任研究醫師以來的空前低潮——我不斷自問：要是現在連病人都要找醫生麻煩，那我當初幹嘛進這一行？我認真考慮要辭職，這是我從來不曾出現的念頭，但最後還是沒有這麼做。我會努力從中記取經驗，拚命保護自己，絕對不要讓自己的名字出現在任何法律事務所的通知函上。

「早安！」滿臉燦笑的進化版亞當，出現在一如往常擁擠不堪的產前門診，向某名準媽媽問好。

「喂，你神經病啊？早上會好到哪裡去？」她先生回了我這句話之後，我維持了兩天的全新面貌也就此破功。

二〇〇九年二月六日星期五

　　病患HJ分娩時難產，需要緊急動剖腹手術，這消息也沒什麼好意外的。當初她來看我門診的時候，她把自己長達九頁的生產計畫拿給我看，全彩，而且還外裝封套。包括了她生產時筆電播放的鯨魚歌聲（我不記得那條鯨魚的確切年齡與品種，但我十分確定她連這種細節都沒放過）、現場要使用的芳療法精油，還有她屆時要採用的催眠治療技法的簡介、要求助產士不能講「宮縮」而必須以「波濤」取而代之。這整起計畫打從一開始就是註定失敗──只要一聽到生產計畫總是讓我心驚膽跳，因為這玩意兒宛若「我期盼的理想天氣」計畫，或是「贏得樂透」計畫。過去這兩百年當中的產科醫生都找不出可以預測產程的方法，但顯然某種準媽媽教派似乎覺得可以輕鬆掌握在自己的手中。

　　想也知道，HJ的生產計畫最後是慘不忍睹。芳療法後來換成了麻醉氣體安桃樂，然後又打了無痛分娩針。助產士告訴我，當病患的先生在調整鯨魚呼嚕聲量的時候，她對他破口大罵：「把那鬼叫聲給我關掉！」雖然注射了歐利生[112]，但在這將近六個小時的過程中，開口一直維持在五公分，沒有任何進

---

112 歐利生（合成催產素）是某種皮下注射藥物，可以增加宮縮、提升分娩速度，施打之後，每隔一兩個小時就可以多開一公分，要是連歐利生都無法發揮效果，那麼就該進行剖腹產。

度。現在，我們已經講了兩次的「再等兩個小時看看吧」，所以我開始解釋，不可能自然產了，繼續等下去一定會發生胎兒窘迫，狀況將會超級危急，我不想等到那一刻，所以需要立刻進行剖腹。果然，她不是很願意接受。「拜託！」她大嚷，「一定還有別的方法！」

原本希望自己生產過程像是部落客貼文一樣完美，但也不知道為什麼天不從人願，最後跑到「病患諮詢與協調服務中心」[113] 投訴——我可萬萬不想遇到這種事。先前我曾遭某名病患投訴，因為我不准她在分娩時點蠟燭，她的投訴書內容是這麼寫的：「我認為這不算是非分要求。」是啦，直接在氧氣罐旁邊點燭火。

眼前這名病患擺明了「我就是會寫電郵嗆爆你」，所以我為了自保，趕緊請主治醫師過來，立刻與她好好聊一下。所幸卡都甘先生有值班——他宛若慈父、充滿魅力、總是和氣溫柔，而且全身上下散發貴氣，讓許多貴婦對他平常駐守的私營部門是趨之若鶩。他很快就說服了 HJ 動手術，甚至還願意親自操刀，原本竊竊私語在訕笑或大嘆不可思議的其他同仁也因而閉上嘴巴。這裡沒有人記得他上次免費接生寶寶是什麼時候的事了，也許他本來要去打高爾夫卻臨時因雨取消了吧？

---

113 這個單位是醫院的投訴部門。他們將「顧客永遠是對的」這句話推升到詭異的新高度，就算投訴內容是雞毛蒜皮的小事，他們都很樂意逼醫生帶著鮮花、親自到病患家中負荊請罪。

他告訴病患，他要動的是某種名為「天然剖腹產」的手術——這還是我第一次聽到這玩意兒。手術室裡的燈光暗淡朦朧，背景播放的是古典音樂，在父母的注視之下，寶寶緩緩從媽媽的肚子裡出來了。這是一種噱頭，想必是他的「白金級服務」那類名稱底下的項目之一，可以為他帶來豐厚津貼的那種選項。但HJ很吃這一套，這一整天下來，她終於第一次露出了笑臉。等到卡都甘先生離開之後，HJ詢問助產士對於「天然剖腹產」有什麼想法。「如果那傢伙要在我身上動刀，」助產士回道，「我會希望所有的燈都調到最亮。」

二〇〇九年二月七日星期六

二十九週早產的困難剖腹手術[114]，讓我錯過了《悲慘世界》的前半場，而且我完全不知道下半場到底在演什麼（尤其我覺得好人尚萬強和壞人賈維的法文發音聽起來都一樣）。

後來，我和隆恩與其他人去了酒吧，我仔細聆聽那些人的劇情簡述，他們雖然有看上半場，似乎也沒用，沒有人看得懂。

---

114 以剖腹產接生早產兒的難度高多了。我們對足月孕婦剖刀的下方部位，通常要等到三十二週左右才會發展完整，也就是說，不足月剖腹就必須劃破子宮更厚的部位，手術變得更加棘手、失血更嚴重。

二〇〇九年二月八日星期天

賽門打電話告訴我，昨晚他與新交的女友吵架，他割腕，最後到醫院縫了好幾針。他現在已經回到家中，狀況穩定，也已經排了精神科追蹤門診。

他問我會不會在生他的氣，我說當然沒有。其實我真的非常火大——他居然做出那種事，他大可以先打電話給我，也許我可以嘗試安撫他，我花了這麼多時間陪伴他，當然應該先跟我聊一聊不是嗎？我因為自己做得不夠而心生歉疚——當初要更盡心，或者也應該要防患於未然。然後，想到自己這麼氣他，更是不好意思了。

我們大約聊了一個小時，我提醒他隨時可以打電話給我，無論是白天或晚上都不成問題。不過，在過去這三年中，我們三不五時就出現這樣的對話內容，自從他第一次在臉書發出求救呼喊之後，我們完全沒有任何進步，真是可悲。

其實，這樣的觀點可能大有問題。憂鬱症不可能治好，就像是我們不可能根治氣喘一樣，只能控制病情。我成了他的呼吸器，他決定靠我抗病，我應該要感到開心才是，畢竟他使用了這麼久，一直沒有發作。

二〇〇九年二月十七日星期二

緊急鈴大響，這狀況有點不妙，很難讓人鎮定以對。人群與平日一樣熙攘，到處都是飛灰碎石，於是眾人陷入恐慌。如果我們現在是在演影集《急診室》，那就表示現在已經有某輛救護車暴衝入院，我們和前半部的車體共處一室，哦～但不是這樣。原來是助產士在拉緊急繩，力道過猛，大部分的天花板全被她扯了下來。

二〇〇九年二月十九日星期四

某些寶寶一生下來就很倒楣，因為他們的父母硬是要為他們取可怕的名字，我們的孩童保護職責範圍[115]並沒有包括取名否決權，真是令人遺憾。今天早上，我接生了一個名叫「沙蛋」的寶寶——發音近似撒旦，就是那個地獄之王。未來求學生涯遭人霸凌，想必幾乎已成定局，但我們還是得歡送他離院、走向那一段人生旅程（或者，其實他真的是惡魔，我剛剛應該要把他塞回去才是）。

到了午餐時間，我的同事凱蒂與我陷入熱烈討論，到底是

---

115 遇到受虐、未被照護的孩童與青少年，醫生們必須負責全力保護，如果有任何疑慮，必須要立刻採取行動——這是醫學總會奉如圭臬的規章內容。

我遇到的「沙蛋」比較慘？還是她接生的「拉薩娜」比較可憐？「拉薩娜」的發音就和義大利千層麵一模一樣。我們經常會拿出驚悚故事互相較勁，就像是在玩桌遊「頂尖王牌」的婦科醫生版。

她告訴我，她曾經接生過一個女孩，使用的是男生名字克萊夫，但我提醒她，我們早就有麥可王妃了，所以女用男名沒什麼特別。奧立佛說他在冰島出生，名字必須從某個特定的名單中挑選，要是隨便亂取就是犯法，這方法還不賴。

二〇〇九年三月四日星期三

我每天都拚命想要準時離開產科病房，這也不是什麼新鮮事，但我今天終於辦到了，與奶奶許久之前相約見面終於成真，我們在泰丁頓共進晚餐。她吃完前菜之後，挨近我，舔了舔手指，抹去我臉上沾到的一小坨食物，又繼續舔了一下她的手指，我這才發現那是某個病人的陰道汗血。現在講出來是稍嫌晚了一點，我決定還是不要告訴她比較好。

二〇〇九年三月七日星期六

「亞當醫生！是你幫我接生了寶寶！」森寶利超市起司櫃檯後的那名女子對我尖叫，但我對她完全沒有印象，不過她說

的應該沒錯——畢竟我的名字與職業都完全相符。我詢問「那個小東西」最近如何，因為我根本想不起寶寶的性別。他不錯，然後她開始問起一年前我在她陰道旁邊時的閒聊話題，她記得的內容超詳細：我的庭院小屋蓋得怎麼樣了？好市多是否如我所盼，在週四的時候營業到晚上八點？我們對彼此記憶的巨大落差，讓我覺得有些歉疚。不過，我又轉念一想，那是她生命中最重要的時刻之一，而對我來說，只是當天接生的第六號病人。我也因而懂得名人的心情了，這就像是粉絲遇到歌手、詢問對方是否記得十年前曾經相遇打招呼的那個場景。

「我就把這當成是切達起司嘍。」她幫我秤羊乳起司的時候，悄聲對我說出這句話——如此一來，我可以省下好幾塊英鎊，這將是我進入醫界以來的最大好康之一，我笑臉盈盈看著她。

「羅絲，那不是切達起司。」她的主管丟下這句話之後大步離開，我的福利就這麼沒了。

二〇〇九年三月三十日星期一

我剛把某對準父母的胎兒掃描照印出來，忙著擦拭準媽媽肚皮上的凝膠，準爸爸立刻開口，詢問我可否從另外一個角度再拍一張？「我真的不知道該怎麼放上臉書……」面對這種隨時隨地要在社群網路更新近況、尋求眾人注意目光的自戀狂，

我的眉頭糾結，簡直要衝向髮際線，我又仔細看了一下他的照片，終於懂他的意思了，胎兒的模樣真的很像在打手槍。

二〇〇九年四月三日星期五

我和隆恩一起喝酒——聊他的工作，還有他決定「也該走出來了」的那一段心路歷程。有時候我也會迸出這種想法，但我在這個國家只找得到一個老闆，所以這念頭就有點異想天開了。他建議我應該要找他的招募顧問好好談一談，他對我信心滿滿，想必我早就培養出能夠轉職的諸多技能。

圈外人經常這麼說，但其實我不以為然。大家似乎覺得醫生是解決疑難雜症的專家，彙整出一堆症狀之後，歸納出獨一無二的診斷方案。其實，我們比較像是辛普森家庭裡的「潘懷棕」醫生，而不是「豪斯醫生」。我們從以往的看診模式中，學到了如何在有限範圍內辨識某些特定症狀——就像是可以手指動物，說出「貓咪」與「鴨子」的兩歲小孩，但很難認出什麼是花窗磚與貴妃椅。要是娜聖莎集團想要依靠我解決問題的技巧、拯救岌岌可危的產品線，那麼我想我這個管理顧問應該也撐不了多久吧。

「你的年薪現在早就應該有六位數了。」隆恩一邊忙著把他招募顧問的聯絡資訊傳給我，還說了這句話。我告訴他，我之後會與她聯絡，但其實內心很猶豫。我不知道等到我向她講

述自己的核心能力之後，她是否還想把我的資料送出去：從陰道裡拉出寶寶與健達出奇蛋。

二〇〇九年四月六日星期一

我目光低垂，緊盯這一台自願剖腹產的手術——這次的問題是前置胎盤[116]。這名病患的問題很好處理，但大家都靜默不語，凝神專注，深恐一不小心就發生意外。我說的大家，不包括準爸爸，他卯足了勁、就是要一直跟我鬼扯爛笑話。

「哇，幸好她平常有皮膚蓋住那部位」、「醫生，這工作想必讓你看到女人就倒盡胃口」，還有小寶寶陰莖與臍帶的那些有的沒的——全都是老梗。我原本以為他只是緊張，但他這樣真的超煩，而且讓人無法專心，就連淫穢漫畫明信片的對話框也不會使用他的爛梗。我對於他的冷笑話一直是「嗯嗯」帶過，真心話一直憋著沒說。「我很想要專心開刀，讓我好好接生這個寶寶。當初你射精受孕成功的時候，我也沒有在你旁邊一直講低級笑話。」

他繼續說道：「生出來的不會是小黑仔吧？呃，你有沒有

---

116 前置胎盤係指胎盤黏附在子宮的下半部。由於這種位置擋住了陰道分娩出口，所以必須以剖腹的方式接生寶寶。同時，這也意味著孕婦生產時會有點危險，因為胎盤可能會剝離，對母子來說都會引發嚴重後果（流經胎盤的每分鐘血量是七百毫升——每五分鐘就會循環一次母體的全部血量）。

接生過膚色和父母不一樣的嬰兒？」

我嗆他：「藍色算嗎？」他不敢再開玩笑了。

二〇〇九年四月十七日星期五

病患 JS 二十二歲，因為腹部劇烈疼痛而進入急診室。急診室人員告訴我，驗孕結果是陰性，而且外科醫生已經看過了，懷疑是婦科問題。我開始檢查——脈搏有點快，肚子略微鬆軟，但走路與講話都不成問題。要是把她收治入院就太小題大作了，但直接叫她回家又太掉以輕心。如果現在是週間日的日班，那麼我應該會想辦法讓她插隊排入某人的超音波檢查名單，確定是否一切無恙。但現在是星期六晚上，我們健保體系在這種時候人力不足（譯註：直譯為骷髏人當班），其實，這種說法都還是客氣了——應該說他們挖出了新石器時代的骸骨，靠著一小塊鎖骨與大拇指關節而努力重建的模型。

通常大家會小心為上，讓她先住院，等到早上的時候再進行掃描，與其浪費病人一晚的時間，也不要因為自己出錯而犧牲了大好前程。但這樣也浪費了醫院病床成本，大約是四百英鎊。我覺得開超音波夜班的花費應該遠低於此，但卻可以省下至少一晚的收治費用，不過我哪有資格告訴醫院該怎麼花錢？尤其他們才剛剛決定搬光我們值班室裡面的床。（他們每隔一兩個禮拜才想起要更換那些床單，所以現在是可以省下清洗

費？或者他們擔心醫生們鬥志太過高昂，應該要挫一挫他們的士氣？還是覺得醫生們小睡一下之後的警戒狀態會太超過？太專注工作？）

婦產科的我們沒事——早期妊娠評量中心的護士可憐我們，想必是注意到我們的熊貓眼，幫我們打了備份鑰匙，讓我們可以進入她的單位、在病床上稍事休息。這是一種超溫暖的罕見善舉，讓我的同事芙樂感動落淚，然後她開始拚命找尋勳章網站的資料，想知道護士這種職業是否具有領取大英帝國勳章的資格。當你值了好幾晚的夜班，努力想要在辦公室座位裡小瞇一會兒卻無法成眠的時候，聽到這種消息的喜悅根本是筆墨難以形容。那是一張裝有雙側腿架的病床，但乞丐並沒有選擇的權利，只要有機會能夠闔眼，就算是那張床上方的天花板以一小根陰毛懸掛了一架平台鋼琴，我也照睡不誤。

我突然想起那張床旁邊也有個超音波掃描機。我確定JS還能走路之後，帶她上樓——趕緊掃描一下，確定一切無恙，她就可以回家了，靠著我的聰明才智為健保系統省下的四百英鎊，我也絕對不會向他們索討。

現在回想起來，沒有告訴急診室護士我借走病人，實在是一大疏失。我本來以為會有人拿出什麼規定告訴我不能這麼做，但大家都沒時間吵那種事。而且，沒有讓她坐輪椅、請工友推她與我一起上樓，也是失策，但最嚴重的錯誤絕對是那名告訴我病患驗孕結果是陰性的急診室人員——除非他一向用

「驗孕結果為陰性」這種含混不明的說詞來表達「我沒有為她驗孕」。

　　我們上樓，穿過宛若老鼠迷宮的陰暗走廊之後，終於進入我那間配有超音波機器的臨時臥房。JS面色有些憔悴，而且喘得上氣不接下氣。腹部超音波顯示她子宮外孕破裂，肚子裡都是血。現在的她本來應該與救命設備緊緊相依，但卻與我悠哉晃到醫院的封閉區域，就像是兩個鬼鬼祟祟跑到外頭、想找地方親熱的青少年。

　　我驚慌失措打了半小時的電話，終於讓她進入手術房，為JS輸了好幾袋血之後，病況好轉，但某條輸卵管狀況卻不妙，所幸日後不會有任何問題，我不知道大家到底能從這次事件記取什麼教訓。

二〇〇九年四月二十六日星期天

　　我被叫到急診室檢查某名病人。根據病歷資料，她三十五歲，在某間按摩店上班，大家應該不難猜到是那種跟按摩沒太大關係的店——就算她真的在按摩，也不是靠雙手。她自述陰道裡塞了東西、無法取出。現在很忙碌，所以我沒有時間問太多問題，上檢查台抬高雙腿、打開燈、使用擴張器、看到它、抓住、取出。這絕對是我聞過的最可怕氣味，真的是難以形容——不只是我覺得反胃，就連跟診的護士也立刻離開了診

間，我猜醫院裡所有的鮮花都瞬間枯死了吧。其實我不是很想追問，但我必須知道罪魁禍首。

　　精簡版的答案是《小小救生隊》主角山姆沐浴海綿的大頭。不過當然有加長版的解答！幾個月前，她發現自己的收入會因為每個月固定的那幾天而大受影響，她的客戶不想在那種時候「接受按摩服務」——所以她斬斷山姆的首級，隨手自製了月經隔離器。天知道她是怎麼向小孩解釋山姆變得不一樣了——有哪個小孩發現到嗎？還是他們擔心一旦開口詢問之後，下一個被送上斷頭台的就是自己？山姆大頭隔離器的確有效吞納了上方的經血，而且吸收下方其他體液的成果也相當驚人，但它並沒有方便抽離的拉繩。而且，這三個月來它飽受客戶們的連番狂鞭，已經扁得像是德國薄片炸豬排。

　　其實，說那股氣味難以形容也不是很精確——其實還是可以形容，包含了三個月的經血、陰道分泌物、各式各樣男人的混合精臭，而詳細的男子數目一定是突破三位數。當我在開抗生素給她的時候，也告訴她日後不需要再對其他海綿開刀——如果想要停止月經，可以仰賴更傳統的方法，連續服用口服避孕藥。至於微生物實驗室樣本罐上頭的標籤該怎麼標示內容物，我就留給急診室傷腦筋了。

二〇〇九年五月四日星期一

又是忙碌的一天，緊急鈴又再次響起，或者應該是已經響了二十幾次吧。我準備以真空吸引器助產，因為胎兒監視器記錄狀況異常，不過，正當我準備要吸出那個小壞蛋的時候，他的心率狀況又轉為良好，所以我脫下手套，又交還給助產士，由她處理自然分娩。我在後頭走來走去，擔心會再次出狀況，所以全程緊盯胎兒監視器，但一切平安無恙，過沒多久之後，已經可以看到寶寶的頭了。

準爸爸在下方認真陪產，他第一次目睹生小孩的奇蹟——不斷驚呼、安撫，而且以興奮語氣鼓勵妻子，她的表現真是太棒了。助產士告訴這位準媽媽，不需要再用力，現在要開始大口呼吸，讓她可以順利將寶寶的頭慢慢引導出來，以免造成過於嚴重的撕裂傷。寶寶的頭露出來的時候，爸爸驚慌大吼：「哦，我的天哪！它的臉呢？！」想也知道，媽媽跟著尖叫，造成她寶寶的頭完全無法受控、瞬間迸射而出，她自己的會陰也立刻爆裂。我向他們解釋，通常胎兒出生的時候都是臉部向下[117]，而且他們寶寶的臉完美無瑕（只是比正常狀況多了一點

---

117 只有百分之五的寶寶是以臉部朝上的方式出生，醫學詞彙是「診後位」。裝可愛的說法是「凝望星星」，而傳統說法是「面朝恥骨」，我在當住院醫師的時候沒聽清楚，丟人現眼講錯了一年之久，等到同事糾正我之後，我才知道原來不是「面朝恥毛」（譯註：恥骨是 pubis，恥毛是 pubes）。

濺血）。我只好戴上手套，打開了縫合工具。

二〇〇九年五月五日星期二

　　某名來做產前檢查的門診病人要求做剖腹產，但是她看起來並沒有任何臨床的問題。我向她解釋，我們這個單位不能因為產婦提出要求就做剖腹，必須是因為健康因素，因為那畢竟是手術，將有出血、感染、麻醉等等附帶風險。她的說法是她不想歷經漫長的分娩過程，而最後卻必須動緊急剖腹手術。這番話把我打得臉好腫——提前計畫剖腹的確比緊急剖腹安全多了，而且通常也比器械輔助生產安全——但我不能實話實說。

　　她還是沒有放棄，操持優雅至極的拖長式口音和腔調追問我：「久是哎哎梅依口意嗎？」後來我終於解碼成功。「就是愛美可以嗎？」我覺得要是開口拒絕的話就太惡劣了，尤其現在有三分之一的女性產科醫師自己生小孩的時候都選擇剖腹產——顯然這樣並不公平。

　　昨天我剛好站在這堵牆的另一邊。我與 H 正在找稍微大一點的房子，與某名仲介一起去看我們中意的公寓，這個還不到二十歲卻老奸巨猾的臭小子，對我們施出了強力推銷法；這個物件地點絕佳，然後，他又是這麼告訴我們的——他在那條街的後頭買下自己的房子。聽到這句話之後讓我們更沮喪了，某個身穿閃亮尼龍外套的小屁孩居然有閒錢買下我們幾乎負擔不

起的地段的公寓。我是不是選錯行了？還是房屋仲介公司跟慈善二手店一樣？裡面的工作人員可以在貨源進來的時候擁有先下手的權利？

他告訴我們，這裡的屋主先前拒絕了某名買主的砍價數字，但是他不能告訴我到底差了多少——這根本不符合房屋仲介業的狡詐法則，原來這群奸人行走江湖還是有某種道義規範。我問他，他當初買下自己公寓的時候，他的同事是否曾經偷偷給他提示，讓他知悉其他買主到底砍了多少錢？很好，他的臉立刻皺得跟番茄乾一樣。「那你們就問我最喜歡的英鎊數字就是了！」原來他最喜歡的數字是一萬一千五。

「那妳就問我其他婦女想動剖腹手術的理由吧！」我如法炮製，將這句話告訴病患之後，靜靜等待她延遲的智能衛星訊號恢復正常。她果然問了，我的答案是某些婦女擔憂自然產會對膀胱與排便的控制力造成嚴重的長期損害，一定會大幅影響日常生活。原來她也有這種憂慮，好，那麼現在就預定時段，準備在三十九週的時候進行自願剖腹產。

二〇〇九年六月二十五日星期四

大約在晚上十一點鐘，急診室請我下去看某位病人。我準備打起精神去看診的時候，順便滑手機看推特。果然有驚天動地的大消息，但目前只有八卦網站搶先報導。「哦，天哪！」

我驚呼，「麥可‧傑克森死了！」其中一個護士嘆氣，站了起來。「哪間病房啊？」

二〇〇九年七月十八日星期六

如果他們準備要更新希波克拉底誓詞的話，應該要加一句這樣的話：絕對不要在跑趴的時候提到自己是醫生。尤其是婦產科醫生，它將會引來地球上的所有女性、與你熱烈討論——有關避孕或不孕抑或是懷孕的各種問題。現在我認識新朋友的時候，已經能夠使出高超絕技，對於自己的工作總是模糊其詞，不然就是巧妙閃避話題。

今晚，在某個家庭派對的場合，大家聊到了伊斯蘭婦女的蒙面服裝，有人插嘴，其實，許多這種打扮的婦女，裡面穿的都是數千英鎊的高檔行頭。「這是真的，」我說道，「我的確看過許多傳統伊斯蘭女子穿的是『密探』的昂貴性感內衣，而且有一半的人會仔細修剪陰毛。剃出名字的首字、漩渦、各種花樣應有盡有！」現場超級安靜，我這才發現自己這樣揭秘也未免太過火了。「哦，對了，我是醫生。」

二〇〇九年七月二十八日星期二

我為某對夫婦預約自願剖腹時間，他們問我可否挑日子？

他們是華裔英國人，我知道根據中國黃道吉日的概念，一年中的某些特定日期是吉日或凶日，想當然耳，大家都希望挑選「吉日」讓寶寶出生。

當然，在安全與可行的前提下，我們會盡量滿足他們的需求。他們問我是不是可以在九月一號或二號動手術。我微笑問道：「是為了黃道吉日吧？」我開始在心中默默整理自己的翻領，挪出空間，準備接受「文化敏感度表現優異」的徽章。

「不是，」那位先生回答我，「九月的寶寶可以在下一個學年入學，考試成績會比較好。」

二〇〇九年八月十日星期一

對，這位太太，妳在分娩的時候一定會噗屎。對，這很正常，是一種壓力現象。

不行，我沒有預防的方法。但要是妳昨天問我的話，我會建議妳不要為了「催產」[118] 吃那一大盤咖哩，對於妳的擔憂恐怕是無濟於事。

---

118 咖哩沒辦法催產，鳳梨不行，性愛也不行。這三種偏方完全沒有什麼科學證據，我覺得這是鳳梨馬德拉斯咖哩發明人在淫蟲作祟時想出的愚蠢詭計。

二〇〇九年八月十七日星期一

　　我剛剛開始為醫學院學生講解骨盆腔解剖學的時候，學校教務處人員出現，宣布了失蹤組員賈斯汀的消息。這學期再也不會看到他，而且，他應該永遠沒有機會踏入醫界。昨天晚上，他與自己的男友在某間夜店打架，有人報警處理。警察發現賈斯汀身上有數量可觀的白粉，他們覺得那不可能是代糖，立刻將他逮捕。賈斯汀跟警察開始盧，應該要立刻釋放他才是，因為他是醫學院學生，國家需要他。但這番話卻激出了反效果，警察聯絡醫學院，也難怪今天早上見不到他的人。

　　這位教務處人員離開之後，大家就對骨盆腔解剖學喪失了興趣（話說本來就沒有）。我們討論了一下醫學院學生執業能力的適法性問題，很可能會在根本還沒取得執照之前就被退學了。每一個學生都相當直白，問了「要是學生做了這種事會怎麼樣」的假設性問題，而聽到我的答案之後，大家立刻面無血色。我講出了自己當年某些同學被退學的過往故事，讓大家輕鬆一下。好幾個傢伙跑去法國參加橄欖球賽，就是那種只參加一場比賽，剩下時間都在喝酒的體育賽事之旅。最有創意的遊戲之一就是造訪當地醫院，調出「超血腥瑪麗」。他們從酒吧點了一堆伏特加，回到桌前，準備針頭與注射器，幫彼此抽血，將鮮血注入彼此的伏特加，大口吞飲而下。酒吧工作人員看到自家場地的那些廢棄針頭，十分擔心，通知了法國憲兵

隊，他們根本不鳥什麼「哥兒們在外尋歡作樂，一切保密」的潛規則，立刻做出緊急處置，逮捕了那些學生，通知了校方。我帶的這群學生似乎覺得這樣的退學處置令人滿意，但其中有一個卻提出異議，一群大三學生有抽血能力，真是令人刮目相看，這一點可以構成減罪要件。

「可憐賈斯汀」似乎是眾人一致的感想，我提醒他們「可憐的是賈斯汀的鼻青臉腫男友」，但大家卻充耳不聞。

「我真的不敢相信，」有個女孩大聲嘆氣，「賈斯汀是男同志？」

二〇〇九年八月十九日星期三

道德迷宮。我正在進行今天的自願剖腹產手術，這個是臀位產——切開了子宮之後，才發現寶寶根本沒這個問題。靠，我應該在動刀之前先做掃描才是——這是必要的程序，因為寶寶可能在最後一次超音波之後翻轉位置，但這種事從來沒發生過，今天除外。

我有以下選擇：

一、將這個神奇翻轉的寶寶接生出來之後，向病患據實以告，其實她可以自然產，這場剖腹手術完全沒有必要，現在害她腹部留疤、關在醫院的日子又多了好幾天。

二、接生寶寶，佯裝是臀位產──這表示得在病歷作假，
　　還得串通我的助手與手術房護士一起作偽證。

三、把手伸入子宮、先反轉寶寶位置，再抓住他的大腿，
　　演出以臀位產方式接生的劇碼。

　　我的選項是第一個，向病患招認一切，對方十分體諒，害我懷疑她是不是本來就是一心想要剖腹。現在，必須要填寫臨床意外事件表格，以及通知卡都甘先生。他和顏悅色，還說至少我以後動剖腹手術之前，再也不會忘記先做超音波檢查了。

　　而且，他為了安慰我，還把自己當實習醫生時動了不必要剖腹產的故事告訴我。產鉗沒辦法拉出寶寶，所以他動了緊急剖腹手術，很不幸的是，當他伸手探入孕婦肚子的時候，也不知道怎麼搞的，寶寶已經從陰道出來了。

　　我問道：「你怎麼向病人解釋出了那種事？」

　　他停頓了一會兒說：「嗯，那個時候啊，我們也不一定會誠實面對客戶。」

二○○九年八月二十日星期四

　　病患YS想要終止妊娠，我同意了──二十歲的女學生，因為保險套出了問題而意外懷孕。我們討論了其他的避孕方

法，還糾正了她使用保險套[119]的概念，我發覺她使用時出了問題。我和大家一樣，都非常熱愛環保回收，但如果在床上大戰第二回合的時候，把剛才用過的保險套翻過來繼續套回去，效果當然不會那麼好[120]。

二〇〇九年十月二十日星期二

產前門診的某位研究醫師生病了，所以只剩我一人獨撐。我早班門診看了三十個病人，最後是在下午三點鐘結束，而我的下午班門診時間是從一點開始，已經延遲了兩小時。

我的每一位看診病人都氣嘆嘆，她們的確有理由動怒——

119 我在當醫生的時候，處理過許多次的終止妊娠案例，因為其他初級醫生可能是因為道德或宗教理由（或者可能是裝的，純粹就是大懶蟲）而不肯施作。大家都不想要花一整個早上的時間搞這種事，但這是必要之惡，結果，我也因此培養出「清除受孕殘留產物」的高超外科技術——這是一種與終止妊娠幾乎相同、在某些流產手術之後必須採行的步驟。現在，如果真有需要的話，我把吸塵器從外頭的信箱口伸進去、開始清理屋內的樓梯應該也不成問題。這名病患不想要養小孩，而且我們身處於文明社會——強迫她把小孩生下來，對她或是對小孩來說都不公平，我們的某些鄰近國家也該注意到這一點才是。根據法律條文（精確的說法就是一九六七年的墮胎法案），需要有兩名醫生同意在繼續懷孕的狀況下，將會危害病患心理健康，才能終止妊娠，但其實非預期懷孕也在適用範圍之內。就這名病患的狀況來說，她先前的確採取了避孕的合理措施。要是能夠正確使用保險套，避孕效果可達百分之九十八，而大家經常犯的錯誤包括了太晚使用、太早摘除、使用了不當的潤滑劑，所以最好要在使用前確保一切正確無誤。

120 過了幾年之後，我遇到一個不當使用保險套的例子，男方覺得保險套覆塗了殺精劑，他非常討厭戴套的感覺，所以他將有殺精劑的那一面套入大老二，然後在性交前扔掉保險套。

坐在候診區長達四個小時之久，火冒三丈。她們在看診時一直抱怨，我誠懇道歉，解釋錯不在我，也很難讓大家消氣。我真的很懷疑，如果我是機師，而我的副機師無法現身的話，航空公司應該會想出更好的解決方案，而不是叫我「努力一下，之後怎麼樣再說嘛」。

傍晚七點鐘，還剩下最後兩個病人，我必須緊急安排其中一位轉診到精神科，她是懷孕三十週的病患，嚴重厭食症復發，但她今天吃的東西居然還比我多。

二〇〇九年十月二十八日星期三

我必須收治某名骨盆腔發炎疾病的病患，以皮下注射的方式給她抗生素。不幸的是，她不想要接受任何藥物治療，因為她覺得我收受藥廠的好處，我們有些僵持不下。我開始與她談心，原來這是她近日才出現的焦慮，因為她昨天看到了臉書上的某段文章。

讓我對現代科技憂心忡忡的事件，又因此而多添了一筆。先前主計室終於體認到我們已經進入二十一世紀，將我們的放射線系統數位化，終結了所有的燈箱與實體沖印的X光片，我們可以直接透過醫院的任何一台電腦讀取資料。但不幸的是，他們剛裝好這系統就掛掉了，害我們現在必須回到十九世紀、以X光尚未發明的行醫方式看診。

我經常遇到攜帶了大量網路列印文件的門診病人，而且上頭還畫了許多重點。對每個病人得多花十分鐘的時間，解釋某名使用免費網站粉紅心標頭圖片的哥本哈根部落客所講的話並非可靠的消息來源，讓我覺得真是心累。但話又說回來了，幸好有谷歌，我才能夠在叫病患去準備驗尿樣本的時候，趕緊上網拚命找尋診治線索。

今天，科技的功能是提供陰謀論的來源。這名病患要我證明我沒有收受藥廠的賄賂。我強調我開給她的抗生素只有幾分錢而已，藥廠應該會對我很不爽，因為我沒有開更貴的藥，但她還是不為所動。我繼續解釋，我開的藥是學名藥[121]，並沒有為任何藥廠打廣告，對方依然堅定不移。我又使出一招，我開的是車齡五年的標誌二〇六，所以應該是不可能收受任何人的賄賂。「好吧。」她終於願意打抗生素了。

二〇〇九年十一月四日星期三

病患TH是三十多歲的會計師，我們的診斷結果是異位妊娠，可以利用滅殺除癌錠[122]進行流產，她很樂意配合，如此一

---

121 在藥師那裡取得的藥品，幾乎都有原廠藥與比較便宜的學名藥這兩種類別。普拿疼是原廠藥，學名藥是乙醯胺酚；安莫西這種原廠藥其實就是安莫西林。

122 某些異位妊娠的病患要是健康狀況良好而且問題輕微，可以靠某種名為滅殺除癌錠的藥物予以治療。它是一種能夠快速攻擊分裂細胞的核彈型藥物，也就是說它可以有效消除異位妊娠，而且適用於化療。

來就不需要動手術。我同意她服用這種藥物，同時詳細說明步驟，解釋可能出現的副作用，還有施行治療時各種「可行與不可行」的規範，我特別強調在接下來的這三個月當中，她必須採行有效的避孕措施，而且治療後的第一個月不能有任何性行為。她想了一會兒，開口問道：「肛交也算嗎？」[123]

二〇〇九年十一月十八日星期三

我去探望隆恩的爸爸。他住院了，氣色看起來好糟糕，瘦得跟皮包骨一樣，而且皮膚都是黃疸，整張臉的血管網絡清晰可見，他的身體燃燒了所有的脂肪細胞、全力對抗一場他完全沒有勝算的癌症。「真希望大家不要看到我這種模樣，」他說道，「之後我們會花大錢、請禮儀公司把我弄得漂漂亮亮──難道你就不能再多等幾個月嗎？」

他住院的原因是為了要放置食道支架，所以可以繼續吃吃喝喝，讓人生的最後一個篇章可以過得暢快淋漓。他內心的退休工程師魂對於這種支架的功能充滿了興趣，它是一種具有擴張力的金屬網孔，質地強韌，足以推擋腫瘤、撐開他自己的食道，他說道：「二十年前哪想得到會有這玩意兒。」我們開始

---

123 要是你有興趣知道這問題的答案，「對，就連肛交也不可以。」這樣依然有異位妊娠破裂的風險，所以應該要避免附近部位受壓。

閒聊，能夠生活在科技一日千里的社會之中真是何其幸運。他問我：「你覺得二十年之後有辦法治療癌症嗎？」我不知道哪一種答案才能讓他比較寬慰，所以我轉移焦點。「啊，我只懂得陰道的事啦。」這答案引得他哈哈大笑。

下一個問題：「為什麼我們總是說人們抗癌失敗，但從來不說癌細胞贏得了這一役？」他又開始不斷開玩笑──老實說，打從我一開始認識他，他就一直是這個調調。一開始探病的那幾分鐘，其實我不太自在，我原本以為這個早晨的氣氛會低迷至極，沒想到他卻立刻讓我開心暢懷。這是一種溫善又聰明的舉措──不僅讓前來探病的親友心情能夠比較舒坦，而且這也表示我們日後會記得他一貫的風采，也許外貌孱弱，但他的性情絕對永存心中。

二〇〇九年十二月十日星期四

一場令人心酸的真空吸引器分娩──這位媽媽是我剛開始看不孕症門診時遇到的病人。我覺得自己儼然像是《獅子王》裡的巫師，將辛巴高舉空中，唱出最美好的〈生生不息〉之歌。

等到我縫合完她的傷口之後，我詢問她不孕症的療程──結果，在我看診過後的那個禮拜她就懷孕了，並沒有接受任何治療。好，我的心情到現在都還是無法平復。

二〇〇九年十二月十七日星期四

很不幸，懷孕婦女慘遭家暴，依然是英國每年母嬰死亡的主要原因。每一位產科醫生都應該要負起監督之責。這種任務通常難度頗高，因為充滿控制慾的老公習慣會陪妻子一起看診，也造成她們有口難言。我們醫院設計出某種能夠幫助婦女通報家暴的系統——在女廁裡貼有告示「如果妳想要談一談家暴的問題，取下紅色貼紙、黏在健康手冊封面即可。」而每一個馬桶間裡面都有一疊紅點貼紙。

今天，這是我行醫生涯中第一次遇到這樣的案例，某名婦女的孕婦健康手冊封面貼了好幾個紅點。這狀況很棘手，因為她身邊還有先生與一個兩歲小孩。我竭盡一切努力，就是沒辦法把她先生請出去。我趕緊呼叫資深助產士與主治醫師，總算讓她一個人留在診間。

我們詢問她的態度十分溫柔，但狀況不妙，她死也不肯說——害怕又恐懼。過了十分鐘之後，我們才終於搞懂了，那些紅點是她和兩歲小孩一起去上廁所的時候，小朋友在她的孕婦健康手冊留下的早慧藝術創作。

8
研究醫師——第四站

在我的從醫生涯當中，只要是下班後有人問我「可否幫我看一下這腫塊／疹子／陰莖是怎麼回事」的時候，經常會追加一句「真不知道你是怎麼能做這樣的工作」。會講出這些話的人，通常是連入選陪審團的資格都沒有，遑論與醫學院沾邊了，但這種觀點依然犀利。就工時、心神與情感層面來說，這的確是艱難的工作，從外人的眼中看來，這根本不是什麼令人豔羨的工作。

等到我在醫界待了六年之後，表面的光鮮早已被磨蝕殆盡。我的手指一直在「老子不幹了」的按鈕上方徘徊不去，已經不止一次之多——狀況百出的日子、被病人投訴、在最後一分鐘的時候班表變動——但最後總是決心不夠。還沒有到開始瀏覽報紙求職欄的那種程度，但已經讓我開始在幻想也許自己有失散多年的百萬富豪阿姨，馬上就要撒手人寰。

不過，有兩個原因讓我繼續留下來。首先，我努力工作了這麼久，才達到現在的位置。第二——應該是聽起來比較崇高

的理由——能夠在眾人的生活中扮演如此重要的角色，是我的一大榮幸。

也許你會晚一小時到家，但原因是因為你挽救了某名差點出血致死的母親；你可能必須在原本只能讓二十名掛號的產前門診狂看四十名病患，不過，那是四十名必須要依靠你確保她們胎兒健康的婦女。就連在令人痛恨的部門也一樣——我個人的地雷是泌尿婦科，有一堆骨盆底宛若流沙的老阿嬤，子宮已呈垂滴狀鐘乳石，可直接塞入她們的保溫瓶——而你所做出的每一個決定都可以大幅改善某人的生活品質。然而，要是有病患打噴嚏，你得馬上去拿拖把與水桶，這時候就會希望當初應該慎選職業，當個特許會計師。

你可能會對這份工作與工時爆粗口，還私藏了管理階層的巫毒娃娃，甚至還隨身攜帶一小瓶蓖麻毒素，哪天要是真遇到衛生大臣時可以派上用場。不過，你的每一天都在盡心照顧所有病人[124]。

在我擔任研究醫師第四個職位的時候，想必是抱持著這種樂觀進取的心態，所以才會接受母校的就業博覽會邀請、擔任醫界代表。我的任務就是花一整個早上的時間，坐在桌子後面，一堆瘦長的第五階段高中生拖著沉重腳步，詢問我有關醫

---

124 那些想要告你的除外。

生這一行的問題。而結果呢，大部分的人找的是其他代表，詢問的是那些更好玩、薪水更優渥的工作。

　　我這裡絕對是看起來最無趣的一桌——其他人都有許多疊的宣傳單、一桶又一桶的筆、糖果、鑰匙圈。德勤甚至還送出甜甜圈，這感覺有點在作弊。我應該要準備什麼東西才能吸引大家進入醫界？玩具聽診器？羊水冰沙？還是所有週末、夜晚、聖誕節都被自己畫了大叉叉的日記？

　　與我認真交談的學生們都很聰明，博學好聞——我相信他們要是願意進入醫學院，絕對是輕而易舉——我也花了許多時間討論這一行的利弊。雖然我很想要為自己的職業辯護，尤其四周都是其他桌的勁敵，但也許我們需要的是真正明瞭狀況的新血吧，所以我據實以告：工時之長，可怕；薪水之低，可怕；工作環境之惡劣，可怕；還有很難獲取應得的讚美、支援，以及尊重，偶爾還可能會受到暴力威脅，但這世界上沒有比這更美好的工作。

　　不孕症門診：幫助嘗試多年懷孕未果、幾乎放棄希望的夫妻——很難解釋這種感覺有多麼特別。那就類似某種我樂意抽出自己的空檔，免費服務的任務（這對我來說一點也不難，因為我經常做這種事——這類門診的看診時間超時達數小時之久是家常便飯）。產科病房：貨真價實的雲霄飛車，我會這麼比喻，是因為玩雲霄飛車的過程雖然看似有違自然定律，但大家通常都可以平安無恙。你在病房之間跑來跑去，只要有哪個寶

寶生了病或卡在媽媽的肚子裡出不來，你一定會出手相救、讓他們呱呱墜地，在他們父母的生命中留下難以磨滅的印記。你是低階的超級英雄——工具腰帶的配備就是手術刀、某種鉗子，還有強力吸塵器。

其他桌的工作有顯而易見的令人心動之處——最重要的就是每個月進帳的大筆現金——但那感覺絕對比不上知道自己救人一命。大多數的時候，都不會遇到這種扭轉生死的程度，但光是知道自己能夠改善病患的狀況就已經令人心滿意足了。你回家的時候——不管有多累、多晚，而且還滿身是血——但腳步卻有一種筆墨難以形容的雀躍，彷彿自己能夠對這個世界提供一點貢獻。這段小小的演說，我重複了約三十次左右，等到當天早上活動結束的時候，我覺得自己彷彿歷經了一場嚴苛的夫妻心理治療——傾吐所有的問題，才驚覺心中依然擁有火花。

當我離開學校禮堂的時候，精神十分振奮，對於週一進產科病房已經是迫不及待。雖然這與醫生的其他任務相比辛苦多了——但能夠從事這種工作真是莫大榮幸，我還偷了一塊德勤的甜甜圈才回家[125]。

下次要是再有人問我：「真不知道你是怎麼能做這樣的工作？」我已經知道了真正的答案。不過我現在大部分的回答都

---

125 充分披露原則：其實我也拿了一份他們大學畢業生培訓計畫的宣傳小冊。

是：「我喜歡幫陌生人動陰道手術。」至少這句話可以讓對方迅速閉嘴。

二〇一〇年二月五日星期五

我為某名已做過三次剖腹的孕婦做自願剖腹產——她的腹部黏結在一起，就像是石頭一樣堅硬。我呼叫資深研究醫師進來幫忙，將住院醫師立刻降級為場邊觀眾。疤痕組織表示腸子纏結膀胱，膀胱纏結子宮，子宮纏結肌肉，肌肉又不知道纏結了什麼鬼東西。這就像是十個耳機纏結在一起，然後又被水泥緊緊封固。

資深研究醫師告訴我，需要花時間，那就耗下去就是了——我們只需要慢慢來，按部就班即可。慢慢搞三個小時，總比弄破病患腸子、害她得多住院一個禮拜好多了。我們所採行的速度就像是罹患關節炎的考古學家在挖掘一樣。只要狀況變得沒那麼棘手，我就會忍不住加速，資深研究醫師得趕緊輕拍我的手背，我會立刻恢復警覺，再次放慢速度。

總算快要有足夠的空間可以下刀、接生寶寶了——只要把子宮上的最後一圈腸子輕輕弄開即可。正當我在進行剝除的時候，手術房裡瞬間瀰漫了一股絕對是腸道內容物的臭氣。真是帶賽，這的確是屎無誤，就差那麼一步而已。

資深研究醫師叫我先接生寶寶——他等一下就出去呼叫腸胃外科醫生過來修復損傷[126]。我的住院醫師怯生生打斷我們的

---

126 檢測腸穿孔，與尋找腳踏車內胎破洞的方法極為相似。以水灌注腹部，透過病患肛門打氣進去，注意水泡到底會從哪裡冒出來。

對話：「各位，很抱歉──是我在放屁……」

二〇一〇年二月六日星期六

　　我的大學宿舍室友尤安與他太太米莉請我在市中心吃午餐──因為他們想向我討教一些不孕症的問題。主菜上來了，我的心情也立刻從懷舊模式轉為醫生模式。「好，你們試了多久？」

　　「七個月又兩週。」米莉回話的語氣宛若機器人，簡直就像是正在吐出十元英鎊的提款機語音提示，她是一絲不苟的奇葩。

　　其實，一絲不苟，奇葩，果真就是她這個人的代表字，因為她後來把手伸入某個托特包，拿出了某個檔案夾、面無表情交給了我，看來我現在有權閱覽某份超級重要的文件。我開始逐頁檢視每一張表格，過了好一會兒之後，目睹她傑作之後的百分百驚恐感才終於沉澱下來。這是他們自從受孕未果之後每次性愛的資料庫，除了米莉的月經週期之外，還有令人坐立難安的數據，每次行房的總長度以及誰在上位。為什麼要把這麼詳盡的細節全都記錄下來，我真的搞不清楚是為什麼。只有一個可能，他們刻意想要搞壞我的食慾，壓低午餐帳單的數字。

　　後來的用餐時間，我的心緒一片混亂，一直想到我前室友的性愛體位與維持的時間長度，他像是背負了主人嚴密監控任

務的駄馬，爬上爬下，或是以躺姿噴發。我好不容易鎮定下來，給了他們一些中肯建議：戒掉咖啡與酒飲，還有應該要去找家醫做哪些驗血項目、應該要在什麼時候轉診到不孕科。

米莉問道：「是不是應該要繼續寫日誌？」

「哦，當然啊。」我這麼回答有兩個原因——他們就不會覺得剛才給我看那份性愛年鑑是多此一舉，此外，過了幾個月之後，也能夠讓某個可憐的不孕科研究醫師可以有呵呵一笑的機會。

二〇一〇年二月九日星期二

今天，做完了產鉗接生，當我忙著修補會陰、讓它看起來更像是個正常會陰的時候，助產士詢問媽媽是否願意讓寶寶注射一點維他命 K。而這位病患讓我們親眼目睹了八卦小報那種恐怖又聳動的庸醫故事——但鬼扯的不是我們，反而是病人。

她拒絕讓寶寶注射維他命 K，因為「疫苗會引發關節炎」。助產士耐心解釋，維他命 K 不是疫苗，而是維他命（譯註：vaccine 與 vitamin 發音相近），這是提升寶寶凝血功能的極重要物質，而且它不會引發關節炎——也許她以為是自閉症（譯註：arthritis 與 autism 音相近），而自閉症的肇因也不是疫苗，重點是針管裡的東西根本不是疫苗。

「不要，」這位媽媽回道，「我絕對不會拿寶寶的健康當

賭注。」

二〇一〇年二月十四日星期天

這是我與 H 在一起的四年當中、第一次共度的情人節。我得說跟醫生一起出門歡慶情人節，就像是二月二十九日的壽星過生日一樣難得。

我們在「藍象餐廳」吃了一頓美味的泰式晚餐。用餐完畢之後，服務生送上一個雕刻精美的木盒，裡面有一對心形的甜點，我把我的全吃光了。結果那居然是蠟燭。

二〇一〇年二月十六日星期二

當這對夫妻知道此次分娩無法自然產、只能開媽媽的肚皮天窗出來的時候，兩人都淚流滿面。他們的傷感主因似乎是因為這位先生有某種略微詭異的偏執，他要當第一個碰觸寶寶的人。我沒什麼時間去思索他有這種期盼的原因為何——也許是因為想要破解什麼魔咒，或者是得把超能力嬗遞給自己的下一代——不過，他堅持打死不退。難道真的沒有辦法當第一個碰觸女兒的人嗎？還是說在剖腹完成的時候，由他負責取出胎兒？

看到了人體腹內的那些東西，他鐵定會昏倒或嘔吐，不然

就是昏倒加嘔吐：那是某個無可救藥的瘋子所煮的鮮肉與內臟法國砂鍋菜。此外，大部分的實習醫生也得經過多次剖腹手術之後，才能順利抓住寶寶的頭、拉出母體──除非他有辦法靠著單手從沼澤裡挖出哈密瓜先來個速成練習？而且似乎沒有人知道這還有一套需要花時間學習的複雜儀式，也就是必須仔細清潔之後，穿上手術衣與戴上手套。手套！「我們把寶寶直接交到你手上可好？」我想出了解決方法，「我們都戴手套，那你就是第一個真正摸到她的人。」

搞定。

二〇一〇年二月二十五日星期四

產科病房的緊急求救鈴大響，我們整個小組衝到走廊，但根本沒有人看到哪間病房外頭有警示燈在閃動。

你可能以為面對生死存亡，他們一定是使用什麼更高級的科技系統，但我們卻還在忍受那套類似航空公司的服務呼叫系統。有人按下某個按鍵，全部的人都會聽到每隔幾秒就出現一次的淒厲尖響，然後航空組員／產科小組就必須四處尋找亮燈的位置，知道是誰按下按鈕之後，才能關掉吵人的噪音。我真希望可以和空服員交換工作，為客人補滿琴通寧或是聽到恐怖分子揚言要炸飛機，都不會讓人如此手忙腳亂。

警報依然大響，寶貴的時間分秒流逝，我們決定清查每一

間病房，確定了每一個病人都安然無恙，顯然是有某個燈壞掉了。

　　似乎沒有狀況緊急的病人。所以到底是哪裡出了問題？更衣室、產科病房手術室、廁所、麻醉室、茶水間——我們像是「狗狗史酷比」與牠的好友一樣，在病房進行地毯式搜索，沒事，的確是假警報。只不過那聲響震耳欲聾，每一名醫護都早已有了制約反應，一聽到那種聲音就會想要起身找人。背景不斷出現那種噪音真是太擾人了，宛若廣播電台開始播放空襲警報一樣。

　　我們打給工程部，有人過來了，對著某個牆箱隨便摸弄了十分鐘，看來他們明天才會找人來處理——我們在修好之前有兩個選擇，不斷接受警報轟炸，或是乾脆關掉警報系統。我們找來值班的主治醫師卡洛教授，他氣得半死。泰半原因是因為他在過去這十年來一直閃避在當班時進入產科病房，從來沒有破功，而且——正如同他向工程師強調的一樣——這算是相當嚴重的臨床意外事件。這是生死交關的問題，這間公司應該要立刻解決。工程師喃喃回道他會盡力，但沒有講出任何保證——而且他還補了一句：一百年前的產科病房並沒有緊急求救鈴，是有怎樣嗎？

　　卡洛教授以克耳文絕對零度的目光死盯著他，「當時每二十個產婦就有一人死亡。」

二〇一〇年三月三日星期三

剛動完一場並不複雜的自願剖腹產手術，我正忙著用皮膚縫合器處理最後幾針，就在這時候，手術房護士嚷嚷棉花棒的數目不對——少了一根[127]。我們提醒驚慌的自己，不要驚慌。我們檢查了地板與窗簾皺褶內處——沒有。我們在醫療廢棄物垃圾桶裡（這應該是全世界最驚悚的禮物桶）翻找胎盤與血塊——還是沒有。我呼叫今天的值班主治醫師，佛特斯庫先生，請他做出定奪，看是要再次剖開病患的肚子抑或是送她去照X光[128]。

佛特斯庫先生決定要再動一次手術，我們開始等待麻醉師的無痛針發揮作用，他趁這個時候告訴我們幾年前發生的一段過往：一位老婦人到他的門診看病，自訴有下腹部疼痛症狀，做了各式各樣的檢查之後，他讓她去照X光，重大發現，腹腔內居然有支湯匙。他們直接了當，詢問了各式各樣的問題——「妳曾經把湯匙吃下肚？」「是不是曾經把湯匙塞入陰道或直腸？」——似乎就是無法查出這東西到底從何而來。不過，這

---

127 每一次手術，我們都會使用經過詳細造冊的器材——使用前後的數字必須分毫不差。棉花棒都是以五支為一個單位，到了最後，手術房護士要確認丟棄的棉花棒數目必須是五的倍數，所以我們才能確保沒有在病患體內遺留棉花棒（如果不知怎麼搞的正好在病人肚子裡留了五根，那就另當別論了）。

128 棉花棒的長狀部位裡面有一條X光無法穿透的細線，是一種可供辨識的標誌。我這個人沒什麼想像力——要是換作我的話，我會選擇去找那根不透明的「驚喜」之物。

是引發她疼痛的來源，必須全身麻醉，以開腹手術取出異物。

　　當他們在動手術的時候，果然在她的腸子與其他臟器裡面發現了某支甜點小湯匙。取出之後，他們注意到的明顯特徵只有匙背布滿許多刮痕，以及握把上印有「聖西奧多醫院財產」字樣。佛特斯庫先生到恢復室去探望她，對於這支聖西奧多醫院的湯匙怎麼能夠一路跋涉、進入她的肚子，兩人都充滿了疑惑。她與他們的最後一次互動（詢問這支害她內臟宛若義大利燉飯不斷被翻攪的湯匙除外），得追溯到一九六〇年代的某台剖腹產手術。他們繼續與聖西奧多醫院聯絡，對方堅決否認這種把湯匙植入病患體內的烏龍事件是手術之常態，不過他們願意找出該名病患的病歷。根據他們披露的資料，有關湯匙的部分──會把自己從員工餐廳拿的湯匙放入病人肚子裡的醫生，都不會把這種事記錄下來──但他們倒是提供了執刀醫師的姓名。這位先生早已過世多年，但佛特斯庫先生最後終於找到了他訓練出來的徒弟，詢問他的老教頭在執行剖腹產手術的時候，是否有吃火焰雪山甜點的習慣。真是神奇，答案就這麼揭曉了。這位問題外科醫師在縫合腹直肌鞘[129]的時候，習慣拿消毒過的甜點湯匙保護下方結構，而那一次湯匙顯然是掉了進去，而他決定「就地掩埋」，繼續完成手術。

---

129 腹直肌鞘是腹部下方的纖維狀膜層──進行縫合的時候必須小心翼翼，以免誤傷底下的器官。

我們的麻醉師過來通知我們，現在可以進行手術了，我正開始拆皮膚縫合器的縫針時，有名助產士衝入手術房，叫我們趕快停手，因為那根棉花棒終於找到了：被寶寶拿在手上。大家都鬆了一口氣，但那位承受了半小時的無謂壓力、拚命翻找垃圾桶的手術房護士除外，罵了一聲「臭小賊！」——但她沒看到那名助產士正後方還有人，那個手裡還握著問題棉花棒的問題寶寶，正被他爸爸抱在懷裡。

二〇一〇年三月十八日星期四

　　急診室緊急呼叫——某名二十五週的孕婦要生了，我自己、住院醫師、麻醉師、助產士急奔下樓進入急診室，後頭還有新生兒小組推著自己的東西跟過來。她大口急喘，狀況不佳——麻醉師先給了她一些止痛劑。助產士使用都卜勒胎心音偵測器，卻聽不到寶寶心跳——狀況不妙。

　　我檢查病患狀況，沒有早產跡象。其實，她子宮頸還又長又硬，完全閉合——完全不是即將臨盆的孕婦，太詭異了。我問她是預約哪一間醫院生產？她說是這裡。有人在電腦裡找尋她的資料，什麼都沒有，也不能說奇怪，這裡的電腦對於所有病患的資料幾乎都是一問三不知——靠塔羅牌還比較有用。

　　某名急診室人員去幫我張羅超音波掃描機。我詢問病人，上次做掃描是什麼時候的事？上個禮拜。這間醫院對嗎？嗯。

在六樓？對。啊，我明白了。我支開麻醉師、助產士，以及小兒科醫生。醫院病患做掃描，一定是在這棟四層樓醫院大樓的一樓。

超音波機器來了，所幸我剛才已經先把其他人趕出去，沒有寶寶——要是瞇眼細看的話，只有一圈圈肥腫的腸道，讓她看起來貌似懷有身孕。

「但寶寶呢？跑去哪了？」她對著擁擠的急診室大吼，想也知道大家都愣住了。

我告訴她，我的同事們等一下就會向她解釋清楚，然後請急診室聯絡精神科幫忙診治。我匆忙進入咖啡店，找地方坐下來，省思剛才發生的事件。我很火大，因為她鬼吼鬼叫，逼得這麼多臨床醫護必須離開產科病房，恐怕會造成其他病人陷入險境。我也覺得困惑，她知道接下來會發生什麼狀況吧——終究會被揭發真相，不是嗎？我覺得她好可憐——到底遇到了什麼樣的創傷與凶神惡煞？讓她走到了這步田地？真心希望此時此刻我的精神科朋友們已經伸出援手，給予她所需要的幫助。

我本以為自己可以好好喝完一杯咖啡，真是痴人說夢。過沒多久之後，產科病房突然呼叫我，我趕緊全速衝回去。

「四號病房！」資深助產士看到我跑過來，立刻對我大吼。是剛才那個急診室女子，又在大口喘氣，顯然她是不想要輕言放棄，在精神科醫師過來看診之前、逃出了急診室，想要一賭自己的運氣。

她看到了我，表情極為憤怒，而且絕望落寞。

二○一○年三月二十七日星期六

和幾個醫學院的老友一起出去，歡度美好夜晚，我們互相取暖，現在的生活過得很不錯，但其實根本完全相反。與朋友相聚的感覺真棒，只不過，我們的見面日期總共改了七次之後才終於喬好。

吃過晚餐之後，我們因為懷舊，到了醫學院的酒吧續攤，也許是因為我們上次待在這裡時所殘留的肌肉記憶，大家開始玩喝酒遊戲。我們唯一記得規則的遊戲叫作「我從來沒有」。最後，它居然成了我們的心理治療：我們六個人都曾因工作落淚，其中有五個在上班時哭出來，所有人都面臨過惴惴不安的處境，有三個因為工作而與伴侶分手，而我們每一個人都曾經錯過重要的家庭聚會。至於好處呢，我們當中有三個和護士上過床，而且其中一個是在上班的時候，所以也不算太糟糕。

二○一○年四月十九日星期一

我們的某位主治醫師，博巴吉小姐請了兩個禮拜的喪假，因為她養的某隻狗死了。產科病房茶水間裡的每個人幾乎都在訕笑她，我挺身而出為她講話，大家都嚇了一跳，尤其是我自

己更是大感意外。

博巴吉小姐很討厭我──第一次看到我就覺得我面目可憎，而且自此之後對我的成見一直是根深蒂固。有次我詢問她，可否在某個傍晚早點離開門診，因為我有個重要的週年紀念日晚餐（是趕在晚餐結束之前到達，而不是本來約定的時間）。她告訴我，我應該要乖乖留下來，因為「找到新伴侶比找到新工作容易多了」。她還曾經告訴我，如果我得要在糖尿病產前門診工作的話，必須提醒病人節食，那麼我就必須展現一點自重，自己應該要減肥（我的BMI指數是二十四）。我曾經在手術房因為手持牽引器的姿勢不正確，直接被她打手，我講了一句「靠」，被她回嗆不准講髒話。她還曾經在某位病人前對我大吼，罵我是白痴，應該回去醫學院重修。

然而，我依然在同事面前幫她說話。為什麼要嘲笑悲傷難過的人？她知道大家將會發現她所謂的強悍外表，不過就是外表罷了──我們理當尊重她的心情。有人的生活所存無幾，寵物之死就會讓他們徹底崩潰，難道我們不該憐憫這樣的人嗎？悲傷就是悲傷──沒有所謂的正確或正常。大家低聲嘀咕「或許吧」，我開始失神，沉重的憐憫之情已經讓我無法接話。不過，為了一隻死狗請假兩週──這女人真是愛狗成痴啊。

二〇一〇年四月二十一日星期三

　　某堂指導課結束之後，其中一名醫學院學生跑來找我，問我可否看一下他的陰莖。我當然不想，但其實沒什麼其他選擇——我覺得一定得鼓起莫大的勇氣才敢開口請老師看你的小弟弟吧（不過在色情片當中，這種情節倒是很常見）。我把他帶入某間單人病房，為了佯裝專業而戴上手套。他說他陰莖瘀青，昨晚就開始出現排尿困難的狀況。

　　看來他刻意忽略了某些關鍵，因為那根小弟弟看起來像是被老虎攻擊過的茄子——腫脹、青紫，而且還有長條狀的滲血傷口。我繼續追問下去，才知道他昨天晚上在女友面前唬爛自己勃起時銳不可當，搏動的粗猛健力甚至能夠阻停桌上型風扇的扇葉。短短一瞬間就證明他假設錯誤，而桌上型風扇才是真正的贏家。

　　我建議他趕快去急診室——有兩處傷口需要縫合，而且在腫脹消除之前必須靠導管排尿。還有，也許去另外一間醫院的急診室比較好，除非他想要日後被同事稱之為「扇斬雞」[130]。

---

130 也有可能是托尼·扇老二（譯註：音近英國喜劇演員托尼·漢考克），或是大屌撞扇·佩西（譯註：Knob-in-Fan Persie，發音近似足球名將羅賓·范·佩西）。

二〇一〇年四月二十二日星期四

在卡洛教授的監督之下，我今天完成了第一次的子宮頸環紮術[131]。在大部分的其他手術過程中，負責監控你的主治醫師可以像是開車教練一樣，隨時踩下位於副座的煞車，以免你造成嚴重傷害。不過，子宮頸環紮術的成敗全落在你自己身上——他們可以在你旁邊一直進行口頭指導，不過，要是你的縫針出了任何微小至極的差錯，無法維持百分百的手部穩度，那麼就可能造成胎膜破裂，終止妊娠，不但沒有達到手術目標，而且還適得其反。此外，我們也沒有辦法在家裡預先演練，這可不像我們在實習醫生階段的時候，可以靠著為剖開的橘子縫補傷口、逐步熟悉技巧。

病患SW第一次在孕期二十週的時候流產，現在是第二次懷孕，已經進入了十三週。教授叮嚀我要慢慢來，盡量穩住。我知道自己的手要是出現任何的抖動，一旦傳導到長狀持針鉗的另一頭，也就是她子宮頸上方的位置，一定會放大為十倍。我不斷深呼吸，用力眨去汗水，一針、兩針、三針、四針，好了。

這應該是我第一次因為被我自己的體液浸濕而必須更換全

---

131 子宮頸環紮術是治療子宮頸閉鎖不全的方法——這種形容懷孕時子宮開口過早擴張時所使用的詞彙有點糟糕，汙辱了子宮頸。這種狀況會引發晚期流產或是早產。我們會在婦女懷孕初期的時候進行環紮手術，希望可以讓子宮頸完全閉鎖，撐到寶寶足月。

套醫院工作服。我現在才發現手術服之所以是藍色，可能是因為病人無法看出你的汗漬——可以讓你好好維持冷靜專業風範，等到腋下快速浸染的暗深區塊被人看到，才會露出馬腳。

後來，我恍然大悟，其實在下次手術之前，的確是有方法可以練習細部動作技能。我傳訊給我媽，詢問她是否還找得到「外科手術」的桌遊，應該是塞在某個抽屜裡。

她回訊給我，找到了，而且她還找出了神奇八號球，她說，搞不好以後看診用得到。

二〇一〇年四月二十四日星期六

道德迷宮。病患 AB 即將臨盆，胎兒記錄狀況異常。現在，這是她的第三名助產士，因為她先前以種族歧視的惡劣言語辱罵前兩個（黑人）照顧她的助產士。我們已經對她提出警告，要是再惡搞一次，她就會被踢出產科病房。我的住院醫師判讀了胎兒監視器的數據之後，建議我必須要讓病患 AB 做剖腹產。她又開始對印度裔的住院醫師講了些種族歧視的話，我不是很確定真把她踢出病房的適法性問題，所以住院醫師與我就決定不管她了。

我檢查病患，同意住院醫師的看法——就是得動剖腹。我把她送入手術室，心想對於自己是猶太人的事絕口不提。手術順利，小男嬰順利出生（應該是要立刻給他戴上「寶寶的第一

個3K黨頭套」，再給他一個燃燒十字架形狀的波浪鼓）。

不過，要是病人的右側腹股溝有海豚刺青，萬一我下刀的位置比平常寬了一點，必須切斷海豚的頭，這樣是不是很糟糕？要是上級（或是極右派英國保衛聯盟的某個忠實信徒）發動調查追問，那我可以這麼說，我擔心寶寶的頭超出正常範圍，大面積手術範圍也屬合理。還有，在縫合傷口的時候，因為某個幾乎無法提出任何證據的原因，縫線對得不是那麼整齊漂亮，造成海豚的頭與身體足足相隔了有兩三公分之遠，應該也不是那麼罪大惡極吧？ [132]

二〇一〇年五月一日星期六

產前門診結束之後，我與我的同事帕德瑪在討論某個案例，某名助產士突然插嘴：「其實我們現在已經不喜歡這個字詞了。」我一頭霧水，剛才到底不小心講了什麼過時的詞彙（消費？還是淋巴結核？）後來，她才讓我們知道她指的是「病人」。我們應該使用「當事人」才對——稱呼他們為病人，不只是展現了父權心態，也是貶抑之詞，而且，妊娠是一種正常又自然的過程，根本不是什麼病程。我只是微笑以對，

---

132 嗯，我們詢問過某名律師，結果呢，答案是：「對，這絕對是施暴。」所以我們的說法是：我可沒幹那種事。

因為我想起了剛入行時的某位主治醫師，費里特維克先生教導我的智慧小語，如果想和助產士吵架，秉持這個原則——「不要和恐怖分子談判」。

帕德瑪顯然並沒有這種擔憂，「我不知道病人是充滿貶抑的詞彙，」她說道，「真是抱歉，我不會再講那種字眼了。客戶，嗯客戶聽起來好多了，就像是妓女的恩客一樣。」

二〇一〇年五月九日星期天

緊急求助鈴響起的時候，我正在產科病房上大號，不過幾分鐘的時間，我就完成緊急剖腹，接生了寶寶。鈴響的時候，我剛好結束嗯嗯，但只能隨手擦了一下，所以我在手術室刷手的時候屁股癢得要命。請某個不需要刷手的人——比方說助產士或其他手術室人員——幫我把滑落的口罩與眼鏡推上去，甚至是抓一下發癢的鼻子，都是情有可原的要求。如果請他們搔一下我的屁股是不是太過分了？

二〇一〇年五月二十四日星期一

我從來不會主動發表自己對於居家生產的看法，不過，今天有病人刻意詢問我的意見，如果換作是我，是否願意嘗試？好，那我就得老實說了。這是長達五分鐘的演說，內容如下：

能夠依照生產計畫進行的居家生產，一定比住院生產的感覺平靜、輕鬆、愉快一百倍，這一點我從來不曾有過任何懷疑（但要是知道鮮血或羊水隨時可能噴濺在沙發上面，我自己是輕鬆不起來，到時候是要怎麼洗乾淨？）。

我說我尊重病人選擇，能夠讓他們感覺自己可以完全掌控健康，這一點十分重要。越來越多人鼓吹「自然」生產，讓我感到憂心忡忡，妊娠過程的去醫療化，未必是件好事——我們應該要對於確實拯救諸多生命的進步醫療感到驕傲，而不是懼怕。

我看過許多虛驚一場的事件，也有居家生產出了差錯、趕緊轉入產科病房的驚險案例，要是再晚個數十秒，寶寶就沒命了。

我也目睹過醫院生產的低風險[133]準媽媽們發生罕見的突發狀況，也就是說，要是在醫院之外的環境下生產，她們或寶寶一定是必死無疑。

我大力推薦以助產士為主的孕婦病房，懷孕婦女可以在控制更加嚴密的環境之中享受神奇美妙的生產經驗。水晶小物、懶骨頭沙發，還有倒唱「電台司令」的瑞典文歌聲——妳想要怎麼樣都行，反正距離產科病房，以及那些解決疑難雜症的專

---

133 在預約做產前門診的時候，病患會被分類為高風險或是低風險，低風險類別的孕婦才符合居家生產的資格，而大家很容易就忘記「低風險」並不等於「沒風險」。

家們只有數百公尺，一切就不成問題。

當我講到居家生產的時候，我的眼中只有災難，看不到那些成功案例，某些人認為這是我論據的一大缺陷，好，我承認。我想那些人對於勸告大眾使用安全帶的消防隊員應該也是很有意見，因為他們只看到從疊黏車骸中、以角磨機拉出的駕駛，而沒有看到那些未繫安全帶卻平安無事的多數用路人。我願意向我的病人發誓，只要是我周遭的親朋好友想要居家生產，我都會哀求那些人一定要三思而後行。

很可惜，今晚的門診已經拖太久了，我的晚餐約會已經遲到，所以沒時間對病人發表我的長篇大論，我給了她精簡版的答案：「要吃披薩的時候才考慮Home delivery。」（譯註：居家生產，也是送貨到府）

二○一○年六月二日星期三

今天早上我在指導醫學院學生 —— 大家都躍躍欲試，想要精進自己的X光片判讀技巧。我從病房輪車上抓了幾張X光片，將其中一張貼在燈箱上面。某名病人在手術前所拍的正常胸腔片，第一名學生走到前面，準備開口報告。

「這是昨天拍攝的後前位像胸腔X光片，名為NW的六十四歲女性病患，生日是一九四六年一月三日，吸氣飽滿，顯像清晰，無偏移。」這傢伙表現不錯。

「氣管位於中心，縱隔沒有位移，心臟輪廓正常。唯一的明顯異常是右側肺葉上方的曲線腫塊，佔據了⋯⋯」

等等，異常？這到底是怎麼回事？我靠。我先前才看過這張片子，居然沒注意到腫瘤——我讓病人去動手術，她死定了。我趕緊推開那學生，想要看個清楚。然後，我稍微重新調整了X光片的位置，那個腫塊的位置也跟著改變，原來那是燈箱上的「請大家捐血」貼紙[134]。

二○一○年六月五日星期六

我的生活開始像是《時空怪客》影集的劇情。突然醒來，卻不知道自己在哪裡，也不知道該做什麼。今天，我被一陣吵鬧敲擊聲嚇醒——我開車等紅綠燈的時候睡著了，某位老先生以雨傘握把急捶車窗，詢問我是否安好。

這是我今天這個夜班第二次無預警睡著，第一次是手術房護士拍我肩膀，告訴我病患已經推了進來，準備接受袋形縫合

---

134 我的朋友佩西在擔任骨科住院醫師的時候，曾經接到急診室的創傷急救呼叫——某名機車騎士在騎乘時飛了出去，全身幾乎都骨折了。佩西看過胸部X光片（這是例行檢查，確保肺部沒有遭到刺穿）之後，驕傲宣布這是水痘性肺炎——相當罕見又危險的水痘併發症，在X光片看得出明確特徵。看來病人因為罹患這種肺炎而得了敗血症，造成他騎車時失控、飛了出去。最後呢，他的肺完全沒問題——但是外套後面沾黏了一大堆砂礫，而且完全顯像在X光片上面。

術[135]，而當時的我已經坐在手術房椅凳上睡著了。管理階層一直不斷提醒我們，絕對不可以在值夜班的時候利用單人病房小睡——他們堅持他們給付的是必須做好做滿的值班薪水。我很想要問他們，是否聽過高掛天空的大火球會讓白天比夜晚難以入睡？或者，他們覺得本來白天工作晚上睡覺，然後在二十四小時之內就必須切換到完全相反的模式是很簡單嗎？但我最想要問的是：如果他們或是他們的妻子需要在早上七點鐘動緊急剖腹手術，他們會希望執刀的研究醫生是能夠在無事空檔小睡四十分鐘？還是被迫必須在值班時的每一秒都強睜雙眼？

如此疲累，是一種超現實的感覺——簡直就像在電玩遊戲裡面一樣。你身處其境，但明明不在裡面。我懷疑自己現在做出反應的時間就與喝了三品脫酒的狀態一樣。不過，要是我在辦公室真的醉了，他們應該也會無動於衷——反正重點只是要把我操到感知鈍化。

我在早上九點半下班——因為我花了足足一個小時才寫完最後一台的剖腹產手術病歷，因為我絞盡腦汁，一直找不到合適詞語，就像是我參加中學會考西班牙語考試時亂湊句子一樣。假如我因為開車打盹而不小心把某一家人送上西天，法院會因此覺得其情可憫嗎？

---

135 前庭大腺囊腫的治療方法——當提供陰道潤滑物的腺體受到感染的時候，就必須弄出一個小袋、幫助囊腫排出——於是我們發明了袋狀縫合術，這就像是生殖部位的袋鼠一樣。

二〇一〇年六月十一日星期五

　　我告訴某名產前門診的病患，一定要戒菸。她看了我一眼，那眼神不禁讓我懷疑剛才我不小心說出的話是「我想要尬妳的貓」或「利多超市要關門嘍」。她不願聽勸，不肯報名戒菸課程。我開始解釋吸菸對她寶寶的傷害會有多麼嚴重，但她似乎不是很在意——她告訴我，她所有懷孕的朋友都沒有戒菸，寶寶也都平安健康。

　　我好累，只想要趕快回家。我看了一下時鐘，現在是六點半，門診時間早就該在一小時前結束了，而且她後頭還有一堆病人在等候，我開始嗆罵。

　　「要是妳連懷孕的時候都不肯戒菸，那這世界上也不會有任何事能夠讓妳戒菸了，妳最後一定會因為吸菸染病而亡。」我脫口而出的時候，已經可以聽到某個律師正緩緩對我重複這幾句話——我立刻道歉。但說也奇怪，似乎是奏效了——她凝望我的模樣，彷彿是她第一次認真聽進某人的話，簡直要站上椅子高嘆：「哦，船長！我的船長！」（譯註：這是詩人惠特曼的名句，但此指電影《春風化雨》中學生向老師致敬的高潮段落）幸好是沒有，因為那張椅子似乎無法承擔那種動作的重量，不過，她的確詢問了我那些戒菸課程的資訊，誰知道死亡威脅居然能夠讓我的病患乖乖聽話。

　　她準備離開的時候，對我開玩笑：「也許我應該要轉向海

洛因的懷抱！」我哈哈大笑，但沒有告訴她答案，對，對腹中的胎兒來說，吸食海洛因的確比吸菸安全多了。

二〇一〇年六月十四日星期一

今天值班的產科病房主治醫師是卡洛教授，他的功能就等於是雪兒的真人紙板模型，其實，要是產科病房真放了雪兒的真人紙板模型，至少可以提升一點士氣。

白天的時候看不到卡洛教授，晚上的時候也不會打給他——他的地位無比重要，沒有人膽敢拿這種無聊瑣事煩他。今天傍晚，他出現在病房的時候，我覺得只有一個理由，想必是他有親友過世，不然就是哪個一等親在這裡生寶寶。

答案揭曉，原來是有一組紀錄片工作人員跟在他後頭，目前正在拍攝中[136]，「跟我報告一下產科病房概況。」我乖乖照做，他對著攝影機點頭。「亞當，看來你把一切都掌控得很好，但萬一晚上遇到了任何問題，直接打給我就是了。」那組工作人員拍到了想要的段落，立刻停止錄影，教授沒掉拍，立刻對我補了一句話：「當然是千萬不可以。」

---

136 在倫敦，方圓兩公尺之內一定看得到老鼠；而在大型醫院裡，方圓兩公尺之內一定看得到紀錄片工作人員。

二〇一〇年六月十五日星期二

我今天花了許多時間照顧病患VF，因為每隔一小時就得為她的寶寶做臍帶血取樣檢查[137]。在剛才那一個小時當中，她和她老公吵得不可開交。一開始的時候是他的父母，然後她在某個朋友的婚禮現場再次與克里斯眉來眼去，現在吵的是錢。如果我是他們晚餐派對的客人，我一定會趕快用餐巾偷偷包好還沒吃的布丁，編個藉口提早回家，但我別無選擇，只能被迫繼續聽下去。這完全顯露出他們之間的關係早已千瘡百孔——我覺得自己像是個被逼得完全啞口無言的婚姻諮商顧問。

其實，兩人惡言相向的程度不相上下，不過既然她在分娩——全世界都知道現在不是鬧著玩的時候——我必須說他真是百分百渣男。

後來，他跑出去接電話，助產士悄悄詢問病患VF是否曾被老公施暴？她請助產士不要擔心，絕對沒有這種事。他又進來了，兩人繼續吵，而且火氣越來越大。

他的臉青筋暴凸，對她大叫——大家都請他冷靜，不然就

---

137 臍帶血採樣檢查是監測寶寶健康最為準確的方式——躺在準媽媽的身邊，把短溝槽塞入陰道，然後拿裝有刀頭的長棒在寶寶頭皮上輕劃一下。然後，將血液收集在小型的毛細試管裡面，助產士匆匆取走，可能不小心摔破了，弄不見了，或是後來才發現機器壞了，或是偶爾回報的居然是寶寶血液的pH值。也不知道為什麼，他們在產前課程的時候都沒有提到這種相當常見的步驟。

離開病房。他對她狂吼：「我本來就不想要這個臭小孩！」他怒氣沖沖走人，而且再也不曾出現在醫院。

二〇一〇年六月十八日星期五

病患RB出現在急診室的時候，身旁有一組救護人員與兩名警官相伴。而且，重點是她的身體插了根約三十公分的鐵棒。也不知道是為了什麼，她與警察發生追逐戰，她本來打算攀越某一排欄杆、進入公園，但很不幸，正當她打算要翻過去的時候，此一脫逃計畫失敗，某根金屬尖桿滑入她的陰道、穿破了肚子。

她真是有先見之明，稍早之前，吸食了大量古柯鹼，整個人超茫，所以在等待消防隊到達現場之前發揮了充分的麻醉效果，他們鋸斷了她陰道以下的欄杆（我猜他們應該是邊鋸邊罵）。她入院時血液動力穩定，而且就這種意外看來，她現在的狀況可算是出奇地好，所以我們緊急安排她去做電腦斷層掃描，要徹底釐清這根特殊的沙威瑪串肉棒到底插黏了哪些肉品。太神奇了，她的膀胱與主要血管都安然無恙，所以我們只需要送她進手術房，縫合尖桿進出的兩處傷口就是了。

手術結束之後，我們檢查她的狀況——清醒、疼痛、覺得很丟臉，而且身旁還有警察陪伴，因為她依然是被逮捕的犯人。我們告訴她一切無恙，還解說了術後的診治計畫。她問我

能否留下那根尖桿當作紀念品，我說我想不出任何不准的理由。而警察突然講出了一個正當理由——把某個能夠戳穿肚子的武器、交給被逮捕的罪犯，這樣真的不行。

二〇一〇年六月二十二日星期二

當你正在處理突發狀況的時候，又有人需要急救，該如何是好？我在產科病房，緊急鈴響起——這位媽媽正在用力，而胎兒監視器的記錄狀況很不妙，需要立刻出動產鉗拉出胎兒。我採取了必要措施，寶寶出來了，但全身軟綿綿。小兒科醫師施出她的魔法，寶寶開始大哭。胎盤娩出，因為豪邁的會陰切開術[138]與略微血糊的子宮，病患出現中等量出血，我正準備要進行第二階段必要措施的時候，又聽到緊急鈴在響，我應該要留下來才是——這名病患很可能會惡化為嚴重的產後出血[139]，而且她一直在失血，我得要趕快縫好傷口或是告訴助產士接下來該打什麼針劑。不過，另一個未知病患的緊急狀況可能更為嚴重——要是我把手中的病人交給經驗老到的助產士，應該不

---

138 會陰切開術就是拿剪刀（我是很想說那是特殊的外科用剪刀，但那其實真的只是一般剪刀）在會陰剪肉，以免出現更難以修補的撕裂傷口或是造成肛門裂傷。基本上，這就是一種清除爆裂物的可控式局部引爆法。

139 由於PPH的詞意有模糊地帶，所以對一半的醫生來說，代表的是產後出血（postpartum haemorrhage），而對另一半來說，卻是原發性肺高壓（primary pulmonary hypertension）。

至於會造成永久性的傷害。

現在是白天沒錯，但誰知道我的同事們是不是全都在忙得團團轉，大家都覺得會有別人去處理那個緊急鈴狀況，但它依然響個不停。或者，這是那種需要所有人上陣的緊急情況？我本來想要派助產士過去、然後回報狀況，但現在對另一名病患來說可能是關鍵的一分鐘，我交給助產士大型棉花棒，告訴她緊壓會陰傷口、等到我回來，還告訴她如有必要、應該給病患什麼藥劑。我立刻奔出，三號病房外的燈在閃，我衝進去，希望自己做出了正確抉擇，結果當然是沒有。

某名助產士正在做心肺復甦術教學演練。病床上躺了假人，她周邊還有好幾名醫生與護士，儼然這是一場真正的緊急狀況，但並不是，跟我剛才離開的那個病房截然不同。「好，研究醫師來了，」助產士詢問住院醫師，「你現在要他做什麼？」而我的作為是走到假人面前把它推下病床，罵助產士是蠢蛋，而且還指責她故意危害病患安全。然後我又立刻衝回第一間病房，幸好一切穩定，終於讓我這名非虛擬病患完美如初（嗯，是沒有這麼誇張啦）。

顯然我先前並沒有充分表達自己的情緒，因為助產士主管後來把我拉到一旁，要求我向那名問題助產士道歉，因為我打斷了她的模擬演習，讓她很不高興。我的道歉法是拿出臨床意外事件表格，說明這次模擬是一場差點擦槍走火的危險意外。

在我還沒當醫生之前，我這個人明明很溫柔善良。

二〇一〇年六月二十三日星期三

我們收到了一封電郵，提醒大家有關臨床人員的技能訓練至關重要。不過，現在的政策是在舉行任何演練之前，必須要檢查每一間病房，確保沒有任何醫護人員正在處理緊急狀況。

二〇一〇年七月五日星期一

今天遇到了照護連續性的罕見案例。一個月之前，我在博巴吉小姐的一般婦科門診看過這位病人，似乎是卵巢早期衰竭。早發性停經其實超出了我的領域，我向病患坦承之後，離開診間，向博巴吉小姐詢問診治方式。她覺得這也超出了她的領域，最好讓這位病患立刻排入布萊斯先生的內分泌專科的門診空檔。病患雖然浪費了一個早上，但倒沒有什麼失落之情，因為她知道下次就可以有專家看診。

不過，我今天是布萊斯先生內分泌科的門診研究醫師，而且他去度假了。上次我為這位病患看診的時候，我說我根本不知道她是什麼狀況，而她現在卻坐在我的對面，特地抽出一個下午過來，期待聽到答案，需要我們的援助。我該怎麼說才好？上次的說法只是過謙之詞？自從上次門診過後我就去上課

了？我是不是要裝一下其他的口音？還是貼上假鬍子？

我幫她預約了兩週後的門診，因為我知道那時候我值夜班，就不會被迫演出帽子戲法了。

二〇一〇年七月二十七日星期二

今天隆尼打算和我絕交——某種大人式的悲傷懇談。我們畢業之後，彼此的生活顯然是漸行漸遠，他不知道他幹嘛還要白費心血與我拚命保持聯絡。

我給他的那些藉口，至少也該換換花樣吧。我沒辦法參加他的訂婚婚宴或是告別單身派對；我無法參加他的結婚典禮，差點連宴客也趕不上；我錯過了他父親的葬禮與他女兒的受洗典禮？而理由全都是因為工作，難道我覺得他真的會照單全收嗎？他知道我忙得要命，但要是真的有心的話，與別人換班到底是有多困難？

我伸手摀住心口，向隆恩發誓我很愛他，他是我最要好的朋友之一，我絕對不可能對他撒謊。我知道自己是個沒用的朋友——但是我與他見面的次數幾乎超過了我周邊的所有親友——這份工作的忙碌程度超乎大家的想像。圈外人永遠無法體會當醫生的艱難，及其對現實生活的影響。不過，受洗的那一次我是真的撒謊——幹，那什麼鬼啦。

二〇一〇年八月二日星期一

今天是我這份職務的最後一次值班——想也知道是夜班。我的新工作地點與這裡相距約十六公里，我本來應該要在下班收工前的一小時就出現在新單位上班——但如今我卻得在睡眼惺忪的狀況下，延遲兩個小時報到，不過我哪管他那麼多，船到橋頭自然直。

理論上，這份工作應該是在半夜十二點結束，當我十二點十分站在樓梯間、刷卡卻進不去的時候，才忽然想起這件事，我發覺門禁卡已經自動失效了，我是身穿醫院工作服的灰姑娘。

如果你要求院方要補足醫護人力、提供好用的電腦系統，甚至只是要求在診間準備足夠的椅子，對方只會聳肩以對，顯露出我就是這麼無能你想怎樣的態度。不過，要是牽涉到進出管控，也不知道為什麼，他們就會發揮生化人圖書管理員的組織管理技能。要是門禁卡會突然之間長出癌細胞，那麼他們一定能夠馬上找出治療方法。

我猛拍門拍了十五分鐘之久，心中不斷祈禱，希望在被人看見、讓我回去病房之前，千萬不要出現什麼緊急呼救狀況[140]。

---

140 有腦袋的產科醫生絕對不會把手機塞在手術衣裡面。只要有一次哀鳳被鮮血海嘯淹沒的經驗就夠了，我可以向大家保證放再多的米也沒辦法讓它起死回生。

9
資深研究醫師

　　醫療界就像是那種你動念離開之後，頻頻勸留你的宴會主人。「我們還沒有切蛋糕，別走啊⋯⋯你還沒見過史提夫，千萬不能離開⋯⋯我記得茱莉跟你家是同一個方向——她馬上就要走了，一起離開不是很好嗎⋯⋯」最後你才發現自己錯過了最後一班回家的車，只能倒在主人家的沙發睡一晚。

　　念了醫學院，應該就會念到畢業，當實習醫師，然後是住院醫師、研究醫師，之後是資深研究醫師，再接下來，也就是主治醫師了。其實真的不需要這麼多層級，我真心懷疑這是故意設計，讓我們一直誤以為下一階段就快到了。這就像是在街上追逐五十元英鎊的鈔票，每當指尖快要碰到的那一毫秒之前，又吹起一陣大風。而且，這一招真的有用。某天我突然驚覺——就像是嚴重車禍後眨眼醒來一樣——我現在已經三十多歲了，依然從事的是我十四年前締約的那份工作，而且撐下來的理由薄弱到不行。

　　現在，我的識別證與薪水是「資深研究醫師」的驕傲明

證（不過，我的薪水也顯示它與「銀行行員」或是「經驗豐富擠奶工」是同一位階），而我接下來的這幾個職位將會成為我得以從初級醫師晉升到主治醫師的橋梁。其實，主治醫師的生活看起來頗具吸引力。薪水變多，工時減少，參與行政會議，正常休假，不會有人強迫我看泌尿婦科門診。我在我父母遺囑上方的列名將是大寫（嗯，但後面應該會加註「他是婦科的主治醫師」）。最棒的是，穩定：我想要做多久都不成問題的工作，不需在好不容易記得更衣室密碼的時候，就得收拾東西走人。

　　不過，我得先通過這些資深研究醫師職位的關卡——寧靜前的暴風雨。對，我的研究醫生工作固然超忙超可怕，但這是截然不同的壓力——我現在是部門裡正常門診時間之外、位階最高的人，我知道當自己呼叫器響起的時候，那就表示出現了住院醫師與研究醫師都無法解決的問題，我知道要是自己沒辦法處理的話，可能造成媽媽與寶寶雙亡。主治醫師在家「待命」其實只是徒具形式：大部分的緊急狀況病患都只能撐個幾分鐘，主治醫師根本連睡衣都還來不及換。現在，某個我可能根本沒見過面的住院醫師與研究醫師所出的包或惹出的麻煩，都得輪到我承擔終極責任。值夜班的時候，我的呼叫器通常可以保持平安無事一兩個小時，但我寧可緊張兮兮去查看產科病房，腳步敏捷，一間接著一間詢問：「一切都還好嗎？」我偶爾會想起自己還是學生時，那個研究醫生告訴我的話：婦產科

是一門輕鬆的專科。媽的，真是個超級大騙子。

所以了，某天我去家醫診所註冊的時候，衛教護士記錄了我的血壓高達一八二／一〇八[141]，我一點也不意外。我解釋自己剛值完夜班，同事只有兩個代班醫生，連續十二個小時待在病房裡，依然讓我神經緊繃，我的心中一直掛著十幾個類似「我到底有沒有關瓦斯？」這種問題的工作懸念，病人做了電腦斷層掃描嗎？我有沒有縫合第二層？有沒有開滅殺除癌錠？但她就是聽不進去。

她為我預約了下一週的家醫檢查，血壓還是一樣高。我依然是下班後直接過去，我向她保證我在上班時都有自行檢查，其實都很正常，但她還是態度不變，想要確定我真的沒事。我不該這樣辜負她的好意，我承認自己撒謊：其實我根本沒在量血壓。她為我安排二十四小時的動態血壓偵測[142]，由於我休假

---

141 大家都希望自己的血壓能夠在一二〇／八〇毫米汞柱以下，這個單位也就是所謂的水銀毫米。要是你把一根裝滿水銀的玻璃管插入心臟，這就是會將水銀往上推升的毫米高度——不過，我們現在已經開始使用某種侵入性沒那麼強烈的方式進行測量。比較高的那個數字是噗通噗通的心臟在「噗」的收縮壓，而比較低的那個數字是心臟在「通」的舒張壓。

142 動態血壓偵測是一種銬住手臂，但讓你依然可以一整天四處活動的裝置，它每隔十五分鐘左右會膨脹，為醫生記錄數值。對於看醫生會緊張的「白袍高血壓」病患來說，特別有用，因為這些人只要一到醫院量血壓，他們的數值就會飆高。大約在我們醫學院畢業考前的那個禮拜，我的朋友安東尼在某次輔導課時問道：「為什麼要被稱為白羊高血壓（譯註：作者的朋友把white coat誤以為是white goat）？」好，各位如果想要提防這位仁兄，他現在是血液學的主治醫師。

的天數寥寥可數，所以我只好在看產前門診的時候戴偵測器，這種方式不但可行（我不用去開刀），而且理論上也可以讓我處於低壓力狀態。我坐在診間，向病患解釋我得要開始給她們開治療高血壓的藥物，但連接在我身上的那台裝置的刺眼數字卻向大家公告，我的血壓顯然比她們的高出許多。

想也知道病患們講出了許多「好笑」的評語，其中有一個講出來的話尤為犀利。

「真好玩——我從來沒想到醫生也會生病。」的確，而且我想到了更重要的部分：病患其實沒有把醫生當成有血有肉的人，也難怪當我們犯錯或惱怒的時候，他們會立刻投訴。所以，每到晚上七點鐘，拖得沒完沒了的門診終於叫到他們號碼的時候，他們總是想要咬掉我們的頭，卻壓根沒有想到我們也寧可趕快回家。而這種心態還有更可怕的一面，大家都不想要看到自己的醫生出錯，可能會診斷失誤。他們不想把醫學當成任何地球人都可以學習的主科，是自己的蠢蛋表弟可能會選擇的職業。

在家休息了一個小時之後，我的血壓恢復正常，所幸我的動脈依然狀況不錯。而且，能夠以水銀毫米量化資深住院醫師的壓力指數，也算是趣事一樁。

二〇一〇年八月九日星期一

今天有名病患要以我的名字為寶寶命名。這是一台因胎兒臀位的計畫剖腹產，我接生完之後，開口說道：「亞當這名字不錯。」這對父母同意了，真是太圓滿了。

每次我接生完寶寶之後，都會冒出「亞當這名字不錯」這句話，但這還是第一次有人點頭說好，就連當個中間名也沒有人願意。不過，今天總算平反成功，早該軍容壯盛的亞當軍團，總算在二號手術房跨出了第一步。（要是真的組隊成功之後，我也不知道要叫他們幹什麼。也許去打擊犯罪？還是讓他們幫我代班？）

在旁協助我進行剖腹產的住院醫師詢問我接收過多少個寶寶？我估算大約是一千兩百個。然後，他查了一下資料，發現在英國每一千兩百個新生兒當中，約有九個取名為亞當。看來原本會有其他八對父母把小孩取名為亞當，但卻因為我的緣故而打消了念頭。

二〇一〇年八月十五日星期天

某名資淺研究醫師找我進入分娩病房——她一直沒有辦法用產鉗順利夾住寶寶的頭。我們最近偶爾會遇到這種組裝出錯的瑕疵品——消毒之後才發現兩支鉗片都是左側，不然就是

配件型號有些微差異。我仔細檢查，左邊的鉗片貼住寶寶的頭側，然而，右邊的鉗片卻有一半卡在病患的直腸。

修正錯誤之後，寶寶平安出生。（都是因為靠我的關係── 現在這個研究醫師就算要唸五行打油詩，我也不敢相信她。）

「我們得要告訴她嗎？」她鬼鬼祟祟問我，正在測試我的道德底線，彷彿我是建築工人，而她想要逃避營業稅。

「當然不用啊，」我回道，「是妳要告訴她。」

二〇一〇年八月二十三日星期一

接下這份職務的第三個禮拜，我也開始逐漸明瞭這裡的不孕症治療[143]的資格規定了。今天，我看了一對第一次做試管嬰兒就失敗的夫婦──這種事並不意外，他們這種狀況的單一療程成功率是百分之二十。如果是在我一個月前工作的單位，距離這裡不遠、步行即可抵達的另一間醫院，他們就可以擁有做三次療程的資格，能夠讓機會提升到將近百分之五十。他們問我私人療程需要花多少錢？我告訴他們答案──約四千英鎊，他們臉上的表情儼然像是我剛才報出的數字是四百萬兆英

---

143 在我受訓實習期間，不孕症門診開始改變名稱，成為「生育遲緩」門診，目的是為了要讓它聽起來不要那麼負面，而後來又改成「生育門診」，感覺有點像是掩耳盜鈴，「啦啦啦，不可能會發生這種事啦」。難道腫瘤科會開「絕對不會得乳癌」的門診？

鎊[144]。

　　大家都說生小孩只是一種選擇，這句話當然沒錯。不過，持續流產的病人可以持續接受治療、直到成功生下寶寶，這一點大家都沒有異議——健保系統也沒有限縮對這些人的照護，非常正確。好，那麼有兩次子宮外孕，所以沒有了輸卵管，要是不靠做試管嬰兒就不可能懷孕的婦女呢？我們不過就是讓這些因為健康因素而無法受孕的人也有辦法選擇生育。或者，不給機會是怎樣？就因為他們的姓氏是G開頭嗎？當然我這種說法是誇張了——這樣也未免太莫名其妙了。想必他們被拒絕的理由一定很正當吧，比方說，戶籍正好落在隨意劃分的某個醫院轄區外頭，因為只相隔了一條街而飲恨。

　　我建議他們先喘口氣，仔細思索一下這些選項，沉澱心情，我還提出了代養或是領養的可能性。那位先生問道：「但感覺不一樣吧？」對，很可能不一樣。

　　我在這裡工作的短暫時光當中，曾經告訴一對女同志，她們符合醫療資格，但另一對希望找到代理孕母的男同志伴侶卻

---

144 就絕大多數的私人醫療服務而言，你所得到的待遇應該會比健保系統好一點，但實際的照護卻沒有太大差別。看診的速度快一點，櫃檯會笑容可掬，而在病患住院的時候還會提供不錯的酒單——但最後得到的治療方式都一模一樣。不過，如果問題是不孕症治療，那麼私人院所的領先差距，就是職業與業餘等級之別了——他們會為你詳細檢查仔細治療，直到你生出寶寶（或是收到破產令）為止。而健保體系必須先確定你落於某個非常狹小的人口統計學範疇之內，才願意給予治療，而且這樣的資源通常都無法達到效果。我明白健保錢不夠，但換作其他領域，絕對不會聽到這種說法：「我們不治療白血症——錢不夠。」「我們只治療右半邊的骨折——錢不夠。」

不符合。我也曾經告訴某位女子，根據我們的判準，她已經超過了接受治療的年齡，但就在幾個月前、她剛被轉診到這裡來的時候，明明還沒有超過標準（而且，要是換作不過相隔只有幾條街的那間醫院，她也不算過老）。我的角色，一直像是個歹毒的上帝。

還有，想要接受治療，也有BMI指數的限制規定——我還真的是沒遇過這種狀況。我必須告訴某位病患，她超重三公斤，不能讓她做試管嬰兒，必須等到她減肥之後再過來看診。她立刻哭了出來，所以我一時不察，在表格上載註的體重數字[145]就少了那麼一點。上禮拜，我寫信陳述某名病患的特殊狀況，她在前一段關係中所生下的小孩夭折，也因而將她殘忍排拒於治療大門之外。

我離開診間，經過了放置文宣品的展示架，裡面都是健保系統在此區提供的各種助孕治療選擇的詳細資料。也許我們應該要更誠實一點，把那些話全部拿掉，只留這一句就好：「要不要考慮養貓？」

二〇一〇年八月二十五日星期三

昨天在巡房的時候，有位八十五歲的婦科腫瘤長期病患讓

---

145 難道這是網路廣告大肆宣傳的「醫生不想讓你知道的減肥神技」？

大家都心碎了。她很想念過世的先生，自從她住院之後，子女幾乎沒來過幾次，而且，住在醫院裡根本沒辦法享受她固定的威士忌睡前酒。我決定扮演童子軍日行一善，幫她的藥單開了威士忌（每天晚上五十毫升），又給了實習醫生二十英鎊，請對方從超市買酒交給照護人員，所以他們給藥時可以完成我的處方要求。

今天早上，病房護士告訴我，病患拒絕接受她給的飲料，因為呢，我引述這位病患的說法吧：「『傑克丹尼』的威士忌媽的跟貓尿一樣。」

二〇一〇年九月十三日星期一

有名新的助產士主管崔西在這週報到，她看起來超好的——態度冷靜、老練又明事理。她現在是這裡第二個名叫崔西的助產士主管，原來的那個喜怒無常、愛發脾氣，是大家的惡夢。為了避免混淆，我們為她們取了不一樣的綽號，「記錄狀況良好」與「記錄狀況異常」。（譯註：Reassuring Trace 與 Non-reassuring Trace 是使用胎兒監視器時的固定用語，Trace 與 Tracy 發音相近，這兩個人外號的意思等於為「令人安心的崔西」與「令人不安的崔西」。）

二〇一〇年九月二十四日星期五

　　道德迷宮。手術室呼叫我，真是太棒了——今天是星期五，已經是四點五十五分，而且是超級耗時的手術。今晚要對抗的是一場子宮外孕病患的緊急手術，他們希望我現在就過去。這個時段特別煩人，因為今晚有約會。其實，不只是單純的約會之夜而已，而是為了最近取消了六次的晚餐約會的鄭重道歉之約，要修補我們之間日益擴大的裂痕，挑選的地方超級昂貴，這是關鍵之夜，要是我能夠在傍晚六點鐘離開的話就沒問題了。五點四十五分手術才開始，晚班的研究醫師被卡在急診室，沒辦法讓我脫困。

　　最佳方案是以腹腔鏡動手術——對我來說，大約是一小時的工作，病人身上留下幾個小洞，明天就可以回家。不然，我也可以在這名二十五歲女病患的純白肚皮上劃下一刀，讓她留下明顯疤痕，拉長住院天數——但可以讓我及時離開，挽救我的感情。而且，這名病患搞不好喜歡醫院的伙食？我又遲疑了一會兒，還是開口請他們準備腹腔鏡工具。

二〇一〇年十月五日星期二

　　我打電話給朋友蘇菲雅，向她哀嘆醫院工作累得半死又士氣低落。我們兩個都受夠了。她告訴我，她剛取得私人飛行執

照，打算要離開健保體系一陣子。我問道：「打算去航空公司上班嗎？」

其實，她是準備要開私人飛機、飛遍二十四個非洲國家，造訪產婦死亡率最高的偏遠地區，教導當地助產士一些急救技巧。她也打算在出發前募資，屆時可以捐助大量的醫療用品與教育資源。現在，我覺得自己是個累得半死又無良的自私鬼。

二〇一〇年十月十一日星期一

賽門突然傳訊給我，由於過去十八個月來從來沒看到什麼好消息，所以一看到他的名字跳出來，不禁讓我的心陡然一沉。原來他只是要詢問我地址——他打算寄喜帖給我。他心中還惦記著我，讓我感動哽咽，我真的很想去，但想也知道一定是在最後一秒鐘因為工作而失約。

二〇一〇年十月十二日星期二

忙得要死的產前門診的最後一名病患，因為先前的自然產留下了巨創，要求自願剖腹產。這是相當稀鬆平常的要求——因為不可能會有毫無創傷的自然產。上次看診的住院醫師很稱職，要求她先前生小孩的醫院提供病歷，我迅速翻閱了一下，想知道是否真有什麼可怕創傷。

她上次的產程拖了很久，最後必須用產鉗助產，因為子宮頸撕裂傷而必須進手術房縫合。那天晚上，她發生嚴重產後出血，造成心跳突然停止。所幸急救成功——這當然嘍，因為她現在坐在診間裡——又被送入手術室、重新縫合傷口。第二次——真是不可思議——居然出了更嚴重的狀況，造成小腸受損，最後必須切除部分小腸，建立造口。還有精神科的一連串診斷書，詳細記錄了她歷經這些事件，以及她婚姻破裂的創傷後壓力症候群的康復過程。現在，她打算要再生一個小孩，想必這女子一定強韌無比，就算穿冰刀鞋溜過她的身體也不成問題，她想要剖腹就給她吧。

　　我為她安排了動刀的時間。上次的醫院有那種超低水準的演出，很好，我們這次無論表現如何，都應該可以大幅超越。

二〇一〇年十月十四日星期四

　　當我第一次遇到有病人在內診時居然在傳簡訊，我覺得有點怪怪的，不過，現在似乎是稀鬆平常。今天，當我在為某名病患做子宮頸抹片檢查的時候，她甚至還在與她的朋友用FaceTime聊天。

二〇一〇年十月十七日星期天

晚班深夜緊急鈴響了，我趕去處理——是肩難產[146]。

顯然是超級壯嬰，看到那個在母親會陰處受迫擠壓的緊繃四層下巴就知道了——而這位是老練的助產士，我知道她一定嘗試了教科書裡的所有急救方法。我們不需要向病人謊稱狀況還好，而她目前的表現完全符合我們的期待——依然冷靜，配合要求的一切動作。

我靠著導尿管清空她的膀胱，把她的大腿喬成麥克羅勃茲體位，對恥骨施壓。我以前從來沒有遇過這樣的肩難產狀況，依然沒有任何挪出空間，寶寶堅持不讓步。

我請助產士主管尋找院內是否還有其他產科主治醫師，同時開始嘗試「軟木塞」動作：依然無效，我也嘗試了抓住手臂後部接生：完全不可能。我讓病患翻身、維持四肢攤平的趴姿，將剛才嘗試過的肢體調整方法又操作了一遍。我請助產士打電話給我的主治醫師，肩難產的關鍵五分鐘逐漸流逝，如果寶寶想要活下去的話，就必須採取緊急措施。

---

146 產科醫生的最驚悚體驗之一就是肩難產——寶寶的頭順利娩出，而雙肩卻卡住了。值此同時，寶寶的頭部無法得到任何氧氣，所以這就像是只剩下幾分鐘的定時炸彈，時間一過，就會造成無法挽回的腦部損傷。我們都定期接受訓練，知道要如何處理這種特殊緊急狀況。我們的腦中早已嵌入幫助我們度過難關的各種助記方法，以及各式各樣的肢體調整方法：對恥骨施壓、麥克羅勃茲體位（盡量彎曲產婦大腿）、軟木塞（旋轉胎兒的肩膀）、抓著手臂後部接生。

我手中還有三個最後一搏的選項。第一是札瓦內里法——將寶寶的頭推回去、立刻緊急實行剖腹。我以前從來沒有看過有人使用這一招，但我有信心自己可以做得來，不過我也確信等到我們在手術室把寶寶接生出來之後，一定早就死了。

　　第二個選擇是故意讓寶寶的鎖骨骨折，讓他得以順產。這一招我也沒見過，也不知道到底要怎麼處理——這種手法是出了名的困難，就連比我厲害許多的醫生們也覺得棘手。

　　第三個選擇是恥骨聯合切開術，切開母親的恥骨，增大出口面積。這一招我也是沒看過，但我想自己應該是可以輕易上手，而且這是最快讓寶寶出來的方法。

　　我透過電話通知主治醫師，我決定要採行這個方法——她先詢問我之前到底採取了哪些措施，然後又確認我是否明白該如何操刀。她馬上要從家裡開車趕過來，但我們都知道等到她到來的時候，一切都結束了，非生即死。

　　我從來沒有遇過這麼痛苦的狀況：我馬上要切開病患的恥骨，而這對她腹中的寶寶來說可能已經為時晚矣。在我下刀之前，我又試了一次以抓住手臂後部的方式接生。也不知道怎麼回事，剛才各式各樣的肢體調整與轉位居然擠出了空間，手臂娩出之後，接下來是軟趴趴的寶寶，助產士立刻交給了小兒科醫生，就在我們等待那不知是否會出現的哭聲的時候，我想起了教科書裡形容成功接生肩難產寶寶的那句老話：「使出更強猛的肌肉力量或是某種兇殘的花招」，我現在完全能夠體會

那位作者所描述的情景。寶寶哭了，哈雷路亞，助產士跟著爆哭。我們還得等一下，看看是否出現臂神經叢麻痺[147]，不過，小兒科醫生在我耳邊低語，兩隻手臂似乎都很正常。

我發現自己害這位母親出現第三度撕裂傷，這一點不太妙，不過，在這麼艱鉅的狀況下，這已經算是非常輕微的間接傷害。我請助產士為她準備手術室——

這樣我就可以有二十分鐘的時間寫接生報告，順便喝杯咖啡。就在這時候，我的住院醫師進來了——可否請我立刻移駕到另一間病房使用真空吸引器助產？

二〇一〇年十月二十日星期三

也許是因為他的母語是希臘文，也許他忘了我們先前討論的內容，我說要幫忙指導他使用超音波掃描的技巧，也許我應該使用的詞彙是「確定胎兒的性別」。

然而，從這位住院醫生露出困惑又嫌惡的神情，而且立刻慌張退到走廊的動作看來，我實在不應該用興沖沖的語氣問他：「要不要看我怎麼尬寶寶？」（譯註：sex 除了有性交的意思之外，也可意指確認性別。）

---

147 在這種狀況下，因為頸部緊繃而造成的手臂神經受損。

二〇一〇年十月二十一日星期四

我在婦科門診看病，拿起下一名病患的病歷。我記得這名字──立刻迅速翻閱，看到了我在三月時寫給她家醫的診斷書。我發現我的信尾出現可怕的疏漏，因為我漏打了「不要客氣，」的「客氣，」。

要是有任何問題，請不要與我聯絡。

但效果極佳，完全沒事。

二〇一〇年十月二十七日星期三

三個月前，我被愛滋病病患使用過的針頭扎傷了，所以今天去職安中心做愛滋病毒的追蹤檢測。她的病毒量其實低到測不出來，但無論如何這總不是什麼好事，而且我在事發之後心中一直存有陰霾，就像是稅務海關總署寄發的某張稅單一樣。

當職安中心的研究醫師幫我抽血的時候，我緊張兮兮地與他小聊了一下，我詢問他，要是產科醫師有了愛滋病毒的話會怎麼樣？「你就不能負責各種臨床工作了，所以不能進產科病

房與手術室，也不能待命——我猜只能看門診[148]吧。」我沒說話，但要是真的感染了病毒，這種結局似乎也沒那麼慘了。

二〇一〇年十月三十一日星期天

參加某個朋友的萬聖節派對，我注意到某位看似很面善的人，應該是同學吧。

我晃過去打招呼。對方一臉茫然，不是同學。大學時見過面？沒有。

你在哪裡長大？我們是不是以前一起工作過？我越問越窘，但這種事對他來說可能很正常，他必須打斷我，因為我可能曾經在電視上看過他——他是電視節目主持人，名叫丹尼。現在發窘的人是他，我說這名字很耳熟，但我確定與這無關。他太太也晃了過來，我終於恍然大悟——大約在一年前，我曾經為他太太動過剖腹產。

我們擁抱握手，直嚷嚷真是好巧。丹尼開玩笑，幸好是剖腹，不然他不知道跟某個看過他老婆陰道的男人聊天是什麼滋味。我很想要告訴他，我動剖腹手術插導管的時候，其實已經看過了，如果他真想聽到會讓腦袋爆炸的事，那我還可以繼續

---

148 經過了十年的政治遊說之後，自二〇一三年開始，愛滋病毒病毒量低到測不出的醫師，也可以正常執業，因為病患因而感染的機率是微乎其微。要是各位想知道本書是否會在這裡出現悲慘大轉折，好，我的驗血結果是陰性。

貢獻一下，在動手術的時候，我還從另一頭看過她的陰道。但我沒有說出來，萬一他不是在開玩笑，那氣氛一定會變得更尷尬。

二〇一〇年十一月八日星期一

這場創下空前紀錄的忙碌夜班（代班研究醫師的功能也只不過比裝飾品好那麼一點而已），就在即將結束前的十五分鐘，也就是早上七點四十五分的時候，又加贈了一場緊急剖腹產。然後，剖腹產，又一次剖腹產，接下來是真空吸引器、產鉗，然後又是剖腹，之後我已經記不清楚到底多少次了，只知道有一堆小孩。現在，是最後一次的剖腹手術，我已經累到完全虛脫，要不是因為胎兒監視器記錄出現瀕臨終結[149]的徵狀，我倒是很樂意拖著沉重腳步離開，將這一台剖腹交給早班處理。

我已經連續十二個小時都沒有坐下來，更別說是閉上眼睛休息了，放在置物櫃裡的晚餐依然原封不動，而且我還不小心對著某名助產士喊「媽媽」。我們衝到手術房，我立刻接生寶寶——雖然全身軟趴趴，但經過小兒科醫師施以神秘魔法之後，我們就立刻聽到了那種標準的哭聲。臍帶血氣分析證明了

---

149 要是不介入的話，寶寶就會死亡。

我們做出了正確決定，我抱著略微亢奮的心情替病患縫合傷口。

離開手術房之後，小兒科醫師把我拉到一旁說話，原來我在切開子宮的時候，手術刀不小心劃到了寶寶的臉頰——不是很嚴重，但還是要讓我知道。我立刻去看寶寶與那對父母。傷口不深，也不是很長——完全不需要縫合，絕對不會留疤——但完全是我的錯。我向那對父母道歉，但他們似乎一點也不在意。他們立刻愛上了自己的漂亮（只是暫時稍微破相）小女兒，他們告訴我，寶寶必須在有點匆忙的狀況下出生，他們完全能夠理解——這種事所在多有。我很想要告訴他們，這種事是不該發生的，以前我也沒出過這種紕漏，而且，如果是在剛值班的時候動刀，絕對不可能會出現這種失誤。

我把詳細介紹「病患諮詢與協調服務中心」的宣傳小冊給了他們——他們不要。這一刀差點毀了我的醫學總會執照，也害那位可憐的寶寶受了傷。要是再高個兩公分，我可能會割掉她的眼睛，而且要是再多個兩毫米，我可能會害她失血，留下傷疤。剖腹時的撕裂傷甚至可能造成寶寶死亡。我把我們的討論內容寫在病歷裡，也填寫了臨床意外事故表格，明明是這個體系縱容了這種意外發生，而我還是乖乖按照它的規定，完成了一切的要求。過沒多久之後，我就會被某人約談，可能是厲聲也可能是溫柔斥責，但他們絕對不會想到其實背後還隱藏了

一個更關鍵的問題[150]。

二〇一〇年十一月十一日星期四

　　某對夫婦來看不孕症門診，我懷疑男方尿道感染，所以給了他尿液收集杯，請他去廁所準備樣本。他接下杯子，死盯好一會兒，舉步維艱離開了診間。我本來以為是我的不對，講得不夠清楚，但他回來（速度之快令人敬佩）的時候，杯內裝的是好幾毫升的精液。當然，這種溝通的誤會有可能會引發更嚴重的後果——比方說，在裡面屙屎、滴血，或是拿叉子戳入腦室、取出腦脊髓液置入杯中。我相當懷疑他們一直無法受孕的真正原因，有可能是因為他在行房時對著妻子的那裡撒尿。

二〇一〇年十一月十四日星期天

　　星期天的午餐時間，病患RZ因為產程進展不良而需要剖腹產。病患很樂意接受手術，不過她先生不希望由我執刀，因為我是男的。他們是傳統的穆斯林，看來先前似乎有人告訴過他們，可以由女醫全程處理分娩。我說我不知道是誰講了這些

---

150 將近十年前，我曾經在這同一家醫院當過工讀生，職務是醫務秘書。當時基於「健康與安全」的理由，我們必須嚴格遵守盯著電腦兩小時就必須休息二十分鐘的規定。

話，雖然我們院內經常有女醫，但我們的工作有輪值表，目前婦產科團隊的所有成員都是男性，就連在家待命的主治醫師也一樣。

「難道你的意思是說這間醫院裡沒有女醫生？」

「先生，不是這樣，我是要告訴你，這間醫院現在沒有能夠執行剖腹產的女醫，但如果要幫您的夫人找到皮膚科女醫師，這倒是非常容易。」

對於由我執刀剖腹，這名病患的意願顯然是比她先生高出許多，但她其實無權開口。我們繼續打哈哈，而最後卻越扯越遠。「女醫當班是什麼時候？」七個小時之後的換班時間，這對您的寶寶恐怕很不利。「難道不能由助產士動手嗎？」不行，清潔阿姨也不可以。

我打電話給主治醫師，尋求心理支援，他建議我男扮女裝，我覺得他的語氣應該是半開玩笑。我回到病房，開口問道：「在遇到緊急狀況的時候，可蘭經會不允許男醫生動手術嗎？」我提醒他們，一定是可以的。我根本在唬爛，但宗教文典裡面應該會有寫類似的話吧。他們請我等待五分鐘，打了幾通電話之後，她丈夫過來找我，他說他們願意由我接生寶寶。他的語氣儼然在暗示我應該要感恩。其實，我的確心存感激，但只是因為我擔心他的小孩能否安全出生，而不是他（或其他人）的信仰神祇對此事的感受。而且，我也沒有備案，根本無法想像如果遇到另一種結局之後，將會成為我心中永恆夢魘的

漫無止境的文書報告。

麻醉師（當然嘍，也是男的）趕緊安排他們進入手術房，我不知道這是否會成為越來越普遍的趨勢，也許我們應該要效法廁所清潔人員，在地板上放一塊黃色警告立牌：「男性婦科醫師值班中」。

過沒多久之後，我們進入手術室，我成功接生了他們的小女嬰。母女均安——這就是我們的衷心期盼，他們必須要慶幸一切無恙，許多家庭進入這道門之後，得到的並不是這樣的結果。

其實，這位先生十分感恩——對於浪費了我的時間、增添我的壓力感到很抱歉，還說他很感謝我的努力。他應該就只是像絕大多數的新手爸爸一樣，遇到剛才的情況壓力超大，我想，再加上恐得面對那種永生的責難，更讓他的情緒雪上加霜。

他準備要下樓買東西，問我需要什麼嗎？可以幫我買培根生菜番茄三明治、一瓶思美洛伏特加，外加一些同志情慾芳香劑？我還頗想知道講出這些東西之後，他會作何反應？

二〇一〇年十一月十八日星期四

本來應該要在傍晚七點整回家，但現在已經是九點半，而且我才剛從產科病房離開而已。我得從那間公寓裡取走自己所

有的東西，卻因為工作的緣故而一再更動時間，現在遲到也算是剛好吧。不過，往好處想，我的可悲單身漢新狗窩，距離醫院也只不過十分鐘車程而已。

二〇一〇年十一月二十二日星期一

急診室有名輕微腹痛的病患在等我，由於產科病房在下午變得越來越忙，所以那位病人在我的看診名單的順序也越排越後面。正當我忙著控制某名子癲前症患者病況的時候，我接到某名急診室研究醫師的火大呼叫。

「要是你不立刻下來急診室的話，這個病患就會違反四小時[151]的規定時程。」

「好，但我要是真的立刻下去的話，我現在的病人馬上就會掛了。」

無線電那一頭傳來五秒的靜默，顯然他不知道該怎麼回嘴才能讓我立刻下樓、省去他一堆麻煩。值此同時，我的反應是瞠目結舌，這明明是一套執意隨便訂出規定時程的運作體系，而他居然得花這麼久的時間才知道該如何回應。

---

151 由於政府覺得醫院的壓力還不夠沉重，所以決定所有急診室病人必須在四小時之內收治入院或是完成診療出院，不論是中風還是踢到腳趾頭都一樣。要是有百分之五以上的病患違反了四小時的規定（很不幸，我覺得那是一種無關緊要的違規），將會對醫院罰款，管理階層就會嚴厲斥罵急診室醫護人員。

「好啦，等你搞定再下來，」他回我，「但你要知道我真的很不爽。」等到我的子癲前症的病患脫離險境，我一定要提醒她向這名醫師寫封道歉信。

二〇一〇年十一月二十六日星期五

QS是我最後一位必須簽署手術同意書的病患，這位老太太因陰道出血而必須接受子宮鏡檢查，一旁陪伴的是她的兒子，身著紅色長褲、一直鬼吼鬼叫的傢伙。他以為對待醫護人員的態度越是不屑，就越能讓大家以為他是個重要人物，也會因此得到更殷切的照顧。奇怪，這似乎是眾人的刻板印象；可惡的是，他的想法一點都沒錯。他就是那種連腳趾甲油掉了一小塊，也會衝去「病患諮詢與協調服務中心」投訴的人。

每聽到他丟出新的問題，我就得更用力咬住自己的舌頭。「你做過幾次了？」「難道這不是應該由你的主治醫師負責嗎？」如果這裡是餐廳，我是服務生，那我一定早就把自己的口水與精液放入他的紅酒燉牛肉裡面。不過，她是位可愛的老太太，不需要因為自己的蠢蛋兒子而跟著倒楣，一切搞定了。他交代我：「你要把她當成你親生母親一樣對待。」我告訴他，要是你知道我都怎麼對我媽，一定不會說出那句話。

二〇一〇年十二月二日星期四

下午與某名優秀的住院醫師一起待在產科病房值班。她請我檢查某名病患的胎兒監視器，我同意她的診斷，因為胎兒窘迫必須進行剖腹。這是一對可愛的新婚夫婦，第一胎，他們也明瞭現在的狀況。

這位住院醫師問我，可否在我協助下、由她操刀執行剖腹？好，我們進入手術室，住院醫師劃開了層層組織：皮膚、脂肪、肌肉、壁層腹膜、臟層腹膜、子宮。切開子宮之後，出來的不是羊水，而是鮮血——大量的鮮血，居然是胎盤早期剝離[152]。我拚命保持冷靜，叫住院醫師接生寶寶——她說她沒辦法，有東西卡住了，我立刻接手——卡在那裡的東西是胎盤。病患有前置胎盤問題，但卻沒有被診斷出來，當初做掃描的時候應該要發現才是，根本不該讓她分娩。我娩出胎盤，然後是嬰兒，顯然已經死了。小兒科醫生們試了心肺復甦術，還是救不回來。

病患子宮大量出血——先是一公升，然後兩公升。我的縫合無效，藥物也無法發揮作用。我緊急呼叫主治醫師，病患現在是全身麻醉，已經開始緊急輸血，她先生在手術房外頭

---

152 早期剝離是全部或一部分胎盤與子宮分離的懷孕併發症。由於寶寶的氧氣與營養都是透過胎盤傳送，所以這種問題相當嚴重。

等候。現在的失血量是五公升，我嘗試吊帶縫合術[153]——很不幸，還是失敗。我只能盡量用雙手施壓——這是唯一能夠止血的方法。

　　主治醫生進來了，又試了一次吊帶縫合術，但是卻沒有用。我看到她雙眼滿是驚惶。麻醉師告訴我們，他輸血的速度趕不上病人的失血速度，可能會造成病患器官受損。主治醫師呼叫另一名同事——他並沒有值班，但他是她心目中經驗最豐富的外科醫師。我們輪流施壓子宮，二十分鐘之後，他進入手術房，直接切除子宮，出血總算得到控制，十二公升。病患送入加護病房，他們提醒我要有最壞的打算。我的主治醫師負責通知病患的先生，我本打算要開始寫手術報告，但卻下不了筆，哭了整整一個小時。

---

153 以大針腳粗縫緊纏子宮，就像是讓子宮穿上一對褲子吊帶、予以加壓止血。

10
餘緒

　　這是我寫下的最後一篇日記，所以這本書裡再也不會出現
歡笑了。

　　醫院裡的每一個人都對我很好，講出了所有該說的話，他
們說這不是我的錯，無論我做什麼也無力回天，當天的班還沒
值完，立刻讓我回家休息。不過，那感覺卻宛若我只是扭傷了
腳踝。一堆人問我：「還好嗎？」但顯然他們覺得我明天還是
會來上班，狠狠按下重新啟動鍵就是了。我的意思並非他們鐵
石心腸或不體貼——這是這一行的根本問題。你不可能每遇到
狀況就臂纏黑帶致哀，也無法請一個月的喪假——這種事件發
生的頻率太高了。

　　這是一種幾乎沒有餘裕能讓你請病假的體系，更別說這種
因為遇到可怕的一天、必須平復心情的抽象哀思了。其實，醫
生們根本不能承認這些時刻有多麼讓人崩潰。如果你想要在這
一行繼續幹下去，就必須說服自己這些悲慘事件只是工作的一
部分。千萬別管簾後的那個人（譯註：《綠野仙蹤》裡的巫師

被揪出真相時的台詞）——你還能維持理智，就是倚靠那道隔簾。

我以前也看過寶寶死亡，也處理過生死邊緣的母親案例。但這次不一樣。這是我第一次擔任病房裡最資深醫生、人家都仰賴我解決一切的時候，出了嚴重大事。是我的錯，我搞砸了。

就官方角度而言，我並沒有疏失，而且也沒有人認為我有問題。醫學總會在判定是否為醫療疏失的時候，一定會問這個問題：「你的同儕在那樣的狀況下，會做出不一樣的處置嗎？」我所有的同事都會做出相同的決定，而且結果也一樣。但對我來說，這樣的解釋不夠充分。我知道要是我能夠更努力——超級認真、超級細心、當個全方位的超人——我可能會早一個小時進入那間病房，也許會注意到胎兒監視器的細微變化，可能有機會挽救寶寶性命，不會讓那位母親留下永久的損傷，那樣的「也許」是我無法逃避的課題。

對，我第二天回去上班了。還是一樣的外表，但我已經變成了截然不同的醫生——我再也沒有辦法冒任何出錯的風險。要是哪個寶寶的每分鐘心跳速率掉了一拍，我會決定剖腹，而且是我親自操刀，不能由住院醫師或資淺研究醫師動手。我知道有許多婦女因而動了不必要的剖腹產，我也知道同事們錯失了增進外科手術技巧的機會，但如果這表示每一個人都可以安全出院，那就值得了。以前我會嘲笑那些過度謹慎的主治醫

師，趁他們轉頭的時候趕緊偷翻白眼，但我現在懂了，他們也有自己的「也許」時刻，而這種緊繃的態度就是面對它的方法。

只不過，我不曾真正面對它，我只是繼續與其共處。我連續六個月都不曾哈哈大笑，每一次的微笑都只是徒具形式的笑容——我覺得自己身處於喪親之痛。我應該要看心理醫生才是——其實，應該是我的醫院要主動安排。不過，我們雙方之間有一種默契，讓最需要幫助的人一直得不到援手。

無論我多麼小心警戒，另一場悲劇遲早會發生。就是這樣——無法避免的遺憾，你就是無力阻止。有位厲害的主治醫師曾經這樣告訴她的那群實習醫生，等到他們退休的時候，就會出現一輛裝滿嬰屍與腦性麻痺小孩的公車，車體側面會寫上他們的姓名，他們將會親眼目睹一大堆的「不幸結局」（這是醫院裡的行話）。她告訴他們，要是他們沒有能力面對的話，那麼就是走錯行了。也許要是有人早一點告訴我這段話，我可能就會仔細考慮，要是能夠回到我當初在選擇高等會考科別、誤入亂局的那個關鍵時刻該有多好。

我詢問我是否可以兼職（「不行，除非懷孕」），也開始探查轉為家醫的可能性。但我得先降為住院醫師等級，在急診室、小兒科，以及精神科工作個兩三年。我不想為了繼續往前走而必須回頭繞遠路，結果最後卻發現我也不喜歡當家醫。

我暫停了教務局的訓練工作，做了些興趣不高的研究工

作，在私人院所悠閒代班，但過了幾個月之後，我把聽診器束之高閣，我受夠了。

我沒有把自己離開的理由告訴任何人，也許應該要說出來才是，因為他們也許能夠諒解。我爸媽的反應彷彿像是我講出我打算縱火一樣。一開始的時候，我沒辦法說出口，後來，這成了我就是絕口不提的事。一旦被大家逼問，我就會拿出小丑紅鼻子與喇叭，將話題轉為肛門異物與病患「超爆笑故事」的各種趣聞。

等到我的某些好友看過這本書之後，他們才會終於知道來龍去脈。

這些日子，我的唯一醫診任務就是其他人的字句——我開始為電視撰寫與編輯喜劇劇本。現在，對我來說，所謂的可怕日子就是筆電壞掉或是某齣難看的情境喜劇得到了惡評——就整體而言，都是雲淡風輕的小事。我不會想念當醫生時的可怕日子，但我的確很想念那些美好時光。我想念同事，想念助人的感覺，想念那種開車回家時、自己有所貢獻的感覺。我也對這個國家感到很慚愧，因為它在我身上投注了這麼龐大的訓練經費，我卻只是一走了之。

我還是與這份職業緊密相繫，畢竟一日為醫，終生為醫。有受傷的單車騎士癱趴在馬路上，我還是會立刻衝過去；要是有朋友的朋友把我當免費的不孕專家詢問各種疑難雜症，我還是會逐一回簡訊。所以，在二〇一六年，當政府對醫生發動薪

資之戰——逼迫他們要工作得更血汗，卻領更少的錢——我與他們堅決站在一起。當政府不斷謊稱醫生純粹就是貪婪、為了想賺錢才從醫——完全不顧病患的最佳利益——我火冒三丈，因為我知道這並非實情。

初級醫師們輸了那場特殊的戰役，泰半是因為政府的邪惡囂吼淹沒了醫護理性、專業、平和的聲音。我發覺每一位專業醫護——每一個醫生、護士、助產士、藥師、物理治療師與急救人員——必須要大聲說出自己的工作真相，所以，等到下一次衛生大臣鬼扯醫生愛錢的時候，社會大眾才會知道這種謊言有多麼荒唐。如果不是因為道德情操，有哪個正常人會選擇這一行？我真的不希望有其他人受到這種不平對待，我對於在健保前線努力的這些人充滿了敬意，因為，總歸一句話，我就是撐不下去。

離開醫界六年之後，我開始整理這本書的內容。我見了數十名前同事，許多人紛紛離開產科病房，這個現象透露出健保系統已經危在旦夕，每個人都說得出遠離醫界的故事。當初我出走的時候，我只是個母體錯誤（譯註：語出電影《駭客任務》），是個異類。但現在所有的輪值表都看得到啟動備案的那些醫生們所留下的傷口——有的在加拿大或是澳洲工作、有的轉換到藥廠，或是到倫敦金融城開私人診所。我的多數老同事都在拚命找尋降落傘的開傘索、趕緊離開這一行——他們都曾經是優秀又熱血的醫生，如今卻被政客霸凌而必須黯然告別

理想，他們畢竟是曾經為了工作而更動婚期的人哪。

　　醫生之間另一個樂此不疲的話題，就是大家都對於悲傷可怕的事件記得一清二楚，以高解析度烙印在腦海之中。他們最後一次看到事發的那間產科病房明明已經是十年前的事了，但還是能確切講出是哪一間，還有病患的先生所穿的鞋、廣播電台播放的音樂。資深主治醫師提到自身災難時的顫抖聲音——明明是一百八十幾公分高的前橄欖球前鋒，卻講到幾乎落淚。有個朋友曾經對我講出他某次處理瀕死孕婦緊急剖腹產的故事：某名母親死在他面前，他立刻剖腹取出寶寶，活了下來，而小孩的爸爸卻不斷哭喊同一句話：「你救錯人了！你救錯人了！」

　　但如果要討論面對悲傷，還輪不到我——這也不是本書的主題。它純粹就是某個醫生的親身體驗，以個人角度出發，讓大家多少能夠看到這份工作的真實面向。

　　不過，請答應我一件事：等到下次政府狠狠修理健保體系的時候，不要只接受政客企圖餵養你的那些說法，請想想每一位專業醫護因為從事這個職業，而必須在家庭生活與工作場域所付出的代價。也請記得他們一直全力以赴、努力完成這份絕對不可能達成的任務。請記得，你待在醫院時對他們所造成的傷害，很可能遠遠超過了你在醫院所受的煎熬。

給衛生大臣的公開信

羅傑‧費雪是哈佛法學院教授，他在一九八一年時曾經說過，他們應該要把美國核彈密碼植入某名志願者的心臟。要是總統想要按下那個紅色的大按鈕、濫殺無數無辜民眾，那麼，他就必須先拿起屠刀，把密碼從那名志願者的胸膛裡挖出來，這樣，他就可以親身體驗死亡的真義，也能夠明瞭這種行動所造成的影響。因為要是總統真的這麼做的話，就絕對不可能按下那個按鈕。

同樣的道理，你與你的繼任者，以及之後無數的繼任者都應該要跟初級醫生一起值班。不是你先前的那種作秀，由醫院高階主管帶你參觀某間閃亮光潔宛若太空站的簇新病房。不是，你要去安慰癌症病患、親眼目睹創傷病人截肢、接生死嬰。因為我絕對不信任何人類一旦明白了這份工作的真貌，還會去懷疑任何一名醫生的動機，就連你也一樣。如果你能夠體會，你一定會為他們鼓掌，為他們感到驕傲，你會在他們面前低頭謙卑，你一定會永遠感謝他們付出的一切。

你對待初級醫師的方式顯然是根本行不通，我強烈建議你要去徵詢第二意見。

給中文讀者的介紹

二〇一〇年，在歷經了六年的訓練，再加上後來六年的醫院實戰體驗，我辭去了初級醫生的工作，爸媽到現在還是不肯原諒我。

各位也看得出來，英國人崇敬這套健保體系，這是我們無上的驕傲與幸福。姑且就把我們當成是開著某輛一九四〇年代古董車上路的一家人吧。它得使用含鉛汽油，必須把手伸到窗外權充方向燈，而且必須要轉動車子前方的把手才能發動引擎——不過，它就是能用啊。它在我們家族已經流傳了好幾個世代，而且全世界的人都很愛它（老實說，他們沒辦法弄出自己專屬的一套體系，純粹就是崇拜）。你們想要怎麼跟我辯都沒關係，說什麼現在已經有了更新穎的車款，可以跑得更快，擁有最新科技，或是更省油。你也可以強調我們為了讓這輛老破車能上路所花的費用，已經足以每年更換一輛新車，但你們絕對無法說服我們改變，這無關乎邏輯，甚至也不是鄉愁——而是出於愛。

英國健保體系創設於一九四八年，秉持了迄今依然不變的

三項原則：符合所有人的需要、使用服務時完全免費，而且治療是根據病患的臨床需要，而不是付款能力。全世界如雨後春筍般出現的其他體系，可能比較有效率，不過，並不會比較公平。

二〇一五年，當時的衛生大臣基於某些相當模糊的原因，決定要對全國的初級醫生開戰。他宣布要與他們採行新合約——將會嚴重損害工作條件的合約，因而直接影響到病人的安全，是一種絕對不會有任何醫生願意支持的條款。由於政府拒絕協商，狀似也沒有其他選擇，醫生們在萬不得已的情況下只好進行投票，最後決定罷工。

自此之後，政府的宣傳機器進入狂轉階段，他們不斷告訴社會大眾，醫生們之所以罷工是因為貪婪，他們挾持了國家，要求以更高的薪資作為贖金——這根本是扯到不行的謊言。醫生們還有職務在身，幾乎抽不出時間反駁政府的扭曲鬼話，醫生們難以說出自己的版本，全國民眾信了政府所餵養的說法。最後，實在是令人心灰意冷，醫生們的新合約上路了。

親眼目睹這樣的發展過程，讓我心碎不已。我想要做點事，希望能夠導正視聽。

所以我挖出了自己放在某個檔案櫃底層長達五年之久、一直不曾曝光的在職日記。也許社會大眾要是看到醫生每日生活的真相，應該就能明瞭政府態度真是莫名其妙了吧？

仔細審視我所有的過往紀錄——置身於各種歡樂與平凡

的過往、人體孔洞裡數不盡的各種物件、瑣碎的官僚體系之間——喚起了我擔任初級醫生時的記憶，可怕的工時與強烈衝擊。現在的我，看到當時的壓力與緊繃感，覺得似乎太超過了，完全不合情理——但這是工作的一部分。健保體系人力不足與資金短缺的狀況就是這麼嚴重，導致所有的醫護人員都必須鞠躬盡瘁，才能讓這個體制繼續運作下去。在快速翻閱的某些時刻，我甚至覺得要是有類似「游泳到冰島做產前檢查」或是「今天得要把直升機吞下肚」之類的字詞出現，我一定是連眉頭都不皺一下。

好，我的貢獻就是：拿出我深陷在英國健保體系、各種疣與疑難雜症那段時間所保留的日誌。包括了我在前線工作的情景；對我私人生活造成的影響；還有，在某個可怕的日子、我突然再也無法承受這一切的過程（抱歉我先爆雷了，但你們去看『鐵達尼號』的時候也早就知道結局了啊）。

在這整本書當中，我會幫助各位了解醫學專有名詞，也會對各種職務做一點背景介紹。我絕對不會把大家當成初級醫生一樣，直接把麻煩丟給你們、覺得你們一定知道接下來該怎麼搞定一切。

我不知道這本書能否為醫生們的困境帶來一點點幫助，但是至少它擺在這裡，讓更多的人看到了醫生的糟心日常。再一次，謝謝你們的閱讀。

致謝

深情感謝Curtis Brown經紀公司的潔絲・庫伯與凱絲・桑默海耶斯。潔絲，妳明明已經快要生了，還幫我看了這麼多次的稿。感謝法蘭西絲卡・曼恩，我最了不起的編輯——跟以往一樣，感謝盡在不言中。

感謝詹姆斯，你是我的全程副機師。

感謝四位凱醫生。蘇菲——妳將會是比我更優秀的產科醫師。還有，丹，你的叛逆（而且跑去念法律）是正確決定。感謝我的父母，娜歐蜜與史都華——我真的好愛你們。

感謝Picador出版社的每一個人：尤其是艾咪・史密斯森、道斯提・米勒、保羅・馬提諾維奇、湯姆・諾貝爾、保羅・拜格里、凱許・偉迪亞拉特納、克莉絲汀・瓊斯、史都華・迪懷爾、凱特里歐娜・羅、露西・海恩、凱特・托里。

感謝馬克・華特森讓一切成真，感謝珍・高曼教導我該如何寫出長篇段落。感謝丹・史溫默提供了大屌撞扇・佩西的笑點。感謝賈斯汀・邁爾的智慧小語。感謝傑瑞・法瑞爾提供了書名。感謝史蒂芬・麥可克魯姆在我狼狽離開醫界之後，給了

我第一份的電視編劇工作。感謝卡洛琳・奈特，我的醫學院輔導老師。（「這一段就講出來吧——應該可以澆熄大家想生小孩的渴望。」）不知道是誰釀出了外交家蘭姆酒，但反正謝謝了。

感謝許多前同事與我一起慢跑，共同回憶過往。尤其是瓊斯、譚納、吉布森、諾布里、崔佛、韓德森、馮・海根、彭薩爾、哈維、西普斯、雷曼、貝雷斯、桑德斯連字號維斯特、雷寇克、麥克金恩、莉莉、曼素里、庫佩里安、史坦庫德、歐尼爾、畢斯瓦斯、李伯曼、韋伯斯特、可汗、惠特洛克，以及摩爾。

還要感謝安娜・威蘭德、梅根・麥可克拉斯基、卡爾・韋伯斯特、卓伊・懷特曼、尼基・威廉斯、提姆・比托斯東、麥可・沃斯尼亞克、傑克森・薩爾金特、凱許・賈根、詹姆斯・席布萊特、保羅・蘇里曼、安妮・克倫、麥可・霍華德、崔絲・法瑞爾，還有我遺漏的每一位。

千謝萬謝，我是絕對不會感謝傑洛米・杭特（時任衛生大臣）。

棄業醫生
的秘密日記

This is Going to Hurt

棄業醫生的秘密日記/亞當.凱作；吳宗璘譯. -- 初
版. -- 臺北市 ： 春天出版國際文化有限公司,
2021.04 面； 公分
譯自：This is Going to Hurt: Secret Diaries of a
Junior Doctor
ISBN 978-957-741-329-1(平裝)
1.凱(Kay, Adam, 1980-) 2.醫師 3.回憶錄 4.英國

784.18   110003112

Memoirs 01

作　　者 ◎ 亞當・凱	總 經 銷 ◎ 楨德圖書事業有限公司	
譯　　者 ◎ 吳宗璘	地　　址 ◎ 新北市新店區中興路2段196號8樓	
總 編 輯 ◎ 莊宜勳	電　　話 ◎ 02-8919-3186	
主　　編 ◎ 鍾靈	傳　　真 ◎ 02-8914-5524	
出 版 者 ◎ 春天出版國際文化有限公司	香港總代理 ◎ 一代匯集	
地　　址 ◎ 台北市大安區忠孝東路4段303號4樓之1	地　　址 ◎ 九龍旺角塘尾道64號 龍駒企業大廈10 B&D室	
電　　話 ◎ 02-7733-4070	電　　話 ◎ 852-2783-8102	
傳　　真 ◎ 02-7733-4069	傳　　真 ◎ 852-2396-0050	
E－mail ◎ frank.spring@msa.hinet.net		
網　　址 ◎ http://www.bookspring.com.tw		
部 落 格 ◎ http://blog.pixnet.net/bookspring		
郵政帳號 ◎ 19705538		
戶　　名 ◎ 春天出版國際文化有限公司		
法律顧問 ◎ 蕭顯忠律師事務所	版權所有・翻印必究	
出版日期 ◎ 二〇二一年四月初版	本書如有缺頁破損，敬請寄回更換，謝謝。	
二〇二一年四月初版六刷	ISBN 978-957-741-329-1	
定　　價 ◎ 320元		

First published 2017 by Picador, an imprint of Pan Macmillan,
a division of Macmillan Publishers International Limited